金融创新与国际贸易经济发展

马 帅 胡玉玺 铁 凝 著

经济日报出版社

图书在版编目（CIP）数据

金融创新与国际贸易经济发展 / 马帅，胡玉玺，铁凝著．-- 北京：经济日报出版社，2019.4

ISBN 978-7-5196-0510-0

Ⅰ．①金… Ⅱ．①马… ②胡… ③铁… Ⅲ．①金融改革—研究—中国②国际贸易—经济发展—研究—中国 Ⅳ．① F832.1 ② F74

中国版本图书馆 CIP 数据核字 (2019) 第 059069 号

金融创新与国际贸易经济发展

作　　者	马　帅　胡玉玺　铁　凝
责任编辑	高　远
出版发行	经济日报出版社
地　　址	北京市西城区白纸坊东街 2 号 A 座综合楼 710
邮政编码	100054
电　　话	010-6356791（编辑部）010-63567692（发行部）
网　　址	www.edppbook.com.cn
E—mail	edpbook@126.com
经　　销	全国新华书店
印　　刷	北京建宏印刷有限公司
开　　本	710 × 1000 毫米　1/16
印　　张	9
字　　数	200 千字
版　　次	2019 年 4 月第一版
印　　次	2019 年 4 月第一次印刷
书　　号	ISBN 978-7-5196-0510-0
定　　价	39.00 元

版权所有　盗版必究　印装有误　负责调换

前　言

金融发展和国际贸易因其对经济增长的重要作用被视为当今世界经济发展的两大主题。随着经济一体化的深入发展，金融与贸易在区域内以及区域间的融合与互动关系日益突出，金融与贸易问题越来越引起人们的重视。而我国金融发展与对外贸易的发展实践已经证明，无论是金融发展还是对外贸易的发展，都有力地促进了我国经济的发展。

随着科学技术的飞速发展，全球化、专业化分工进一步深化，传统的单一融资方式已不能满足国际贸易发展的需求，包括投资、采购、库存管理、分销和销售等在内的国际贸易各环节都离不开金融服务。贸易金融是银行在贸易双方债权债务关系的基础上，为商品和服务贸易提供的贯穿贸易活动整个价值链的全面金融服务，包括贸易结算、贸易融资等基础服务，以及信用担保、保值避险、财务管理等增值服务。贸易金融服务是商贸活动的血液，贸易与金融相辅相成、合则共赢。贸易金融通过贸易结算、贸易信贷、信用担保、风险管理、财务管理等综合服务功能，推动产业内上下游企业之间、关联行业之间、各个国家和地区之间的正常经贸往来，从而对贸易活动和经济发展产生强大的支撑作用和乘数效应，成为连接商品生产者和最终消费者的重要纽带。在全球化和金融创新快速发展的背景下，贸易金融已发生深刻变化，由狭义的贸易结算进入贸易链的全过程，即与投资、生产、运输、销售活动紧密联系的综合金融服务阶段。

贸易金融贯穿贸易全过程，将商品流、资金流和信息流加以有效结合，可以更好地发挥其信用风险较低的优势，对于支持国际贸易、金融创新发展、增加市场交易规模、提高交易多方经济活力等都具有促进作用。大力发展贸易金融，既是国际贸易综合改革的内在需求，也是银行应对金融脱媒、利率市场化的重要措施。

本书紧密联系贸易金融实践活动，系统介绍了金融创新及国际贸易金融的模式，对贸易金融中的信用担保、风险管理、财务管理、金融市场、货币政策以及金融监管等内容展开全面阐述。

目 录

第一章

贸易金融概述

据估计，目前全球90%以上的贸易活动需要贸易融资、担保或保险等贸易金融服务的支持。有分析认为，目前一国贸易融资的规模大约为进出口总额的30%，保理业务的潜在规模大约是一国GDP的10%。金融在国际贸易中的地位不断提高，贸易金融对贸易发展的作用不可忽视，贸易金融业务已成为中外银行共同争抢的“黄金业务”。

第一节 贸易金融的内涵界定

随着国内贸易和国际贸易的发展，为之提供服务的贸易金融内涵也在不断发生变化，它包括传统的狭义定义和现代的广义定义。

一、传统的狭义定义

根据《巴塞尔协议》中的相关定义，传统的贸易金融业务是指在商品交易中，银行运用结构性短期融资工具，基于商品交易中的存货、预付款、应收账款等资产的融资，即商业银行在为国内外贸易买卖双方办理的各项国际、国内结算业务（如信用证结算、银行承兑汇票、汇款、托收等），以及在各项国际、国内结算业务项下，根据相关的贸易背景和贸易结构，为贸易客户提供与贸易结算相关的短期和长期融资便利（如银票贴现、进出口押汇、打包贷款、保理等），以及和贸易结算和融资相关的资金服务（如结售汇等）。

传统的贸易金融以贸易活动的现金流量作为结算和融资履约的资金来源和支持，以贸易结算中的商业单据或金融单据等权利凭证作为贸易买卖双方履约的一项保证，是仅仅围绕贸易结构和贸易形式展开的金融服务。

二、现代的广义定义

（一）现代贸易金融的内涵

在全球化和金融创新快速发展的背景下，贸易金融已发生深刻变化，从狭义的贸易结算与融资的发展阶段进入到服务于贸易链的全过程，即与投资、生产、运输、销售活动紧密联系的综合金融服务阶段。贸易金融不再局限于结算、融资、资金交易类等方面的服务，银行针对企业商品和服务交易提供贯穿贸易链全过程的综合金融服务。

《巴塞尔协议》给出的供应链金融定义，是在商品交易中运用结构性短期融资工具，基于商品交易（如原油、金属、谷物等）中的存货、预付款、应收账款等资产的融资。贸易融资中的借款人除了商品销售收入可作为还款来源外，没有其他生产经营活动，在资产负债表上没有实质的资产，没有独立的还款能力。这个经典的释义包含了3个关键点：一是结构化设计；二是以交易为基础；三是借款人除特定交易收入外，可以没有其他经营活动和还款来源。

因此，广义的贸易金融即供应链金融，不再仅仅包括贸易买卖双方和商业银行，而是包括在贸易流中的所有角色（如仓储公司等），即商业银行的贸易金融将围绕贸易流、物流、资金流等各个方面整体展开，把核心企业作为切入点，以核心企业延伸出来的产业链、产品链、客户链、交易链为依托，通过对具体交易项下的信息流、物流、资金流的有效控制，或对有实力关联方的责任捆绑，针对产业链不同节点的供应商、制造商、经销商、物流商、零售商等提供金融产品和服务的一种融资模式。

广义上的供应链金融也包含了物流金融。物流金融强调以物流控制为主导，为供应链上下游企业提供融资、结算、保险等产品。推动物流金融发展的主导者一般是物流服务提供商，商业银行以合作者的身份进入到物流金融产业中提供资金支持。

（二）现代贸易金融的特点

贸易金融作为商业银行等金融机构中一个相对独立的业务体系，相对于传统存贷款等业务而言具有以下几个特点。

1. 服务对象特定

贸易金融是在生产、流通到消费整个供应链上下游串在一起的过程中，提供包括负债服务、收费服务和资产服务等一揽子金融服务，服务对象是核心企业及与其有稳定交易关系的上下游企业，以及特定商品或服务交易。与相对主要关注客户信用状况的项目贷款、流动资金贷款等传统信贷业务相比，贸易融资更多关注特定交易项下的商业单据、票据、应收账款等的价值与风险评估。

2. 融资条件低，资本占用少，资金流动性高

贸易融资充分体现以商品交易为背景，以物权为保证的特点。在物权保证下，贸易融资较少需要担保品，从而为客户提供更多的融资机会，特别是适合缺少固定资产等抵押品的中小企业进行融资。

国际结算是典型的中间业务品种，不占用或较少占用银行的资本金。出口审

单、全额保证金开证、结售汇等业务不占用银行资本。非全额保证金开立信用证或保函风险资产权重为20%，意味着发放一般性贷款所占的银行资本是减免保证金的5倍。贸易融资期限短，周转快，一般不超过180天，具有很强的流动性。

3. 综合收益高

贸易金融是高度综合的金融服务，业务交叉性强兼具中间业务与资产业务特点，既涉及表外业务又涉及表内业务，收益主体是手续费收入，同时也能带来利差收入。贸易金融中的国际结算业务能够为银行带来丰厚的手续费、结售汇差价收入，这已构成银行中间收入的重要组成部分，而中间收入占比往往是衡量一家银行内在价值的重要指标。贸易融资除了为银行创造利差收入，还可带来大量存款沉淀，为银行创造大量的隐性收入。据统计，贸易金融业务反应在账面上的利润只占整体创利的20%，另外80%的创利隐藏在贸易金融带来的派生收益之中。

4. 风险度较低

贸易金融具有真实的贸易背景，通过对特定交易产生的物流、资金流、信息流的控制实现债务自偿，并可将信用风险的管理转化为对操作风险的管理，风险度较低，银行对风险的控制力较强，而且融资期限短，资金回收快，敞口时间短，风险相对可控。例如通过供应链融资掌控贸易全过程，通过物流融资实现对货权的控制，这都是贸易融资项下银行有效控制风险的手段。

三、现代贸易金融与传统贸易金融的比较

在国际实践中，现代贸易金融是传统国际贸易的延伸。从金融机构作为现代贸易融资主要资金提供者这一点上来看，服务目标与传统的国际贸易融资差别不大。但传统国际贸易融资是一对一的专项金融服务，现代贸易金融是一对多的系统性解决方案，两者的差异主要体现在授信关注点、融资对象、融资范围、服务方式、资金风险、信息流等方面。

传统的国际贸易融资在授信时关注申请企业的经营业绩、财务实力以及历史信用情况等指标；融资对象主要是基于某一家企业对其进行针对性的业务开发；审查指标较为苛刻，融资范围较小，容易排除掉许多具有生产优势的中小企业的融资申请；而且仅针对单笔贸易往来和供应链的某一环节提供融资业务，业务品种较少；易忽视融资企业上下游的牵制影响，贸易风险较大，银行资金风险较大。

现代贸易金融主要是针对供应链这种新型的国际贸易组织和分工形式设计出来的，强调金融服务的专业性、系统性，突破了原来单一的买卖双方的关系，延伸至供应链上下游包括最终消费者及物流服务提供商在内的全部参与方，将供应链组织运作中的全部金融服务有效地整合，利用供应链中所有参与和非参与物权转移的成

员，优化整个供应链在财务方面的绩效指标。在授信时关注贸易业务的成功概率、参与该项业务的上下游各企业相互之间的关联度及合作的稳定度、是否存在大型核心企业及其信用情况；融资对象扩展至相关供应链上对贸易业务的完成有较大影响的上下游多个企业形成的群组；审查指标具备一定弹性，企业规模小等劣势可以由业务或者与上下游企业的高关联度弥补，为中小企业开放门槛；融资范围较广，对整个“产—供—销”供应链上的涉及企业提供一站式、跟进式的全过程融资，通过推动供应链的正常运行，将风险分散于整条供应链；银行可以掌握整个贸易链的信息，从而准确把握业务实质及融通资金流向，信息的及时共享降低了资金风险。

第二节　贸易金融的主要功能

具体而言，现代综合贸易金融主要包括贸易结算、贸易融资、信用担保、风险管理、财务管理、增值服务等六大功能。

一、贸易结算

贸易结算是最基础的业务，为贸易双方提供支付中介服务，促成交易、降低交易成本，依托信息技术，提高结算的效率和质量。

二、贸易融资

贸易融资是最核心的业务，除国际保理业务、应收账款抵押融资、订单融资等传统进出口贸易融资工具以外，目前最重要、最有发展潜力的创新是基于产业内贸易和供应链发展的供应链融资，以及结构性融资。

供应链融资是指银行基于对商品和服务交易产生的物流、资金流和信息流的控制，对产业链中包括核心企业、上下游企业等全部参与方提供的资金融通服务。供应链融资不仅推动了贸易金融的创新发展和银行内部风险控制方式的变革，而且帮助企业降低成本、减少存货、扩大销售、加快资金周转，解决了全球普遍存在的中小企业融资难问题，为世界经济和贸易发展提供了有力的金融支持。

结构性融资是指因金额大、期限长、融资基础为跨境合同等特点，需要根据客户的融资需求与债项的具体条件对债项进行结构安排，一定程度上弱化在长时间的借款期内授信主体承债能力变化等因素而带来的信用风险，降低对授信主体承债能力的依赖程度，在满足客户融资需求的同时使债项的综合风险达到可接受的水平，从而使银行能更广泛地支持、大型成套设备等资本性货物、高新技术产品出口及海外工程承包等业务。

三、信用担保

信用担保功能是指银行为贸易参与方提供以信用增强为主要目的的金融增值服务，如信用证、保函、保理、承兑、保兑等。信用担保在帮助买卖双方建立互信、降低风险、促成交易方面作用明显。

四、风险管理

风险管理功能是指在商品价格、利率、汇率波动日趋频繁的市场环境下，银行开发和创新贸易金融增值服务，帮助客户有效规避风险。最为典型的就是将贸易结算、贸易信贷与一些避险型资金产品进行组合，为企业提供一对一的理财服务方案。

五、财务管理

财务管理功能是指针对产业链中一些大型企业的财务集中、资金归集、财务管理外包等需求而提供的贸易金融增值服务，包括应收账款管理、销售分户账管理、财务报表优化、现金管理等。此类服务进一步丰富贸易金融产品、扩展贸易金融服务体系、增加银行利润来源。

六、增值服务

增值服务功能是指商业银行的贸易金融产品借助自身和客户、政府部门的信息网络，依据强大的科技平台与企业系统对接，通过客户和关联部门提供及时准确、有效的产品服务及信息支持，提高客户对银行的忠诚度，为客户提供能够完全透明化的产品和优化管理、加快业务处理流程和得到有效信息等的综合性服务，如远期结售汇及衍生产品、网上开证和银关通等。

第三节　贸易金融的主要产品

当前，国际上常用的贸易金融产品主要包括进出口押汇、进出口托收押汇、打包放款、福费廷、国际保理、票据贴现、出口信用保险融资、存货质押融资、信用证开证融资、提货担保、物流融资、服务增值类产品等。

一、进出口押汇

进出口押汇（Import and Export Documentary Bills）是最常见的融资种类之一，可分为进口押汇和出口押汇。

进口押汇（Advance Against Inward Documentary Bills）是指开证行在收到信用证项下单据，审单无误后，根据其与开证申请人签订的《进口押汇协议》和开证申请人提交的信托收据，先行对外付款并放单。开证申请人凭单提货并在市场销售后，将押汇本息归还开证行。从某种意义上看，它是开证行给予开证申请人的将远期信用证转化为即期信用证＋进口押汇这样一种变通的资金融通方式。

进口押汇实际上是银行为进口商提供的一种融通资金的业务。进口押汇的额度通常包含在授信额度之内，进口商如已获得银行授信，便可在授信限额内向银行申请办理进口押汇业务。对银行不能控制货物所有权的押汇业务，一般应在开证时就要求进口商出具信托收据或在办理押汇时补办。银行在办理押汇时要注意审核货物的变现能力、控制好物权单据，并已对货物办理保险。为避免可能发生的风险，对诈骗多发地带、远期信用证等在办理进口押汇时应十分慎重。

出口押汇（Outward Documentary Bills Purchased）是以出口商的汇票或单据作为押汇行的抵押品，由押汇行垫款（按票面金额扣减利息）付给出口商，然后将抵押品的汇票或单据寄至开证行向其收取货款。相关业务涉及的金额小，笔数多，因为保留追索权，对于押汇行所承担的风险并不大，适用的企业范围较广，即使是实力不太强但业务稳定的企业也可申请。

出口押汇可以在信用证业务中使用，押汇银行承做出口押汇业务可以保留追索权，如果因为开证行倒闭、单据邮寄遗失延误、电讯失误等非押汇行本身过失而导致的拒付、迟付、少付，押汇行有权主动向受益人追回全部垫款及利息。遇到开证行无理挑剔单据，押汇行可与其交涉，以维护出口方权益，如交涉无效造成损失，押汇行仍可向受益人追索。出口商要求的银行议付其出口单据时，押汇行除了根据信用证条款严格审查单据外，还要审查开证行所在国的政治、经济状况，开证行的资信、出口商的资信、还包括对物权的控制程度等，如果信用证规定的运输单据是物权单据，则押汇行可以通过对物权的控制减少风险，如果运输单据不是物权单据，则银行对议付申请的受理应该更加严格，因为一旦开证行拒付及向出口商行使追索权失败，银行将不能通过处理单据所代表的货物来减少损失。

出口押汇业务除了用于信用证项下，也可用于托收和保理业务项下，二者的根本区别在于前者面临的是进口国开证行的银行信用，而后者面临的是进口商的商业信用。因此，托收和保理项下出口押汇业务的风险比信用证项下要大。押汇行在受理该业务时还要严格审核进口商的资信状况以及托收交单方式的选择，对于承兑交单（D/A）方式下核定的托收押汇限额控制较严，付款交单（D/P）方式下核定的托收押汇限额控制较松。

二、进出口托收押汇

进出口托收押汇（Import and Export Documentary Collections）可以分为进口托收押汇和出口托收押汇。

进口托收押汇又称为进口代收押汇，是指代收行在收到出口商通过托收行寄来的全套托收单据后，先行对外支付并放单，进口商凭单提货，用销售后的货款归还代收行押汇本息。根据托收的性质，进口商付款交单或者承兑交单。代收行可以根据进口商的押汇申请，开立托收信托收据，先行对外垫款，待进口商提货加工、销售或转卖后将收回的货款归还银行。这种做法纯粹是代收银行自己向进口商提供的信用便利，和出口押汇一样银行也存在着很大的风险，银行一般只对资信较好的进口商进行进口押汇，同时还要求进口商提供足够的担保和抵押品。

出口托收押汇（Advance Against Documentary Collection）是指采用托收方式的出口商在提交单据、委托银行代向进口商收取款项的同时要求托收行先预支部分或全部货款，待托收款项收妥后归还银行本息的融通方式。其基本操作是，出口商按照合同规定装运后，制作一整套符合合同规定的单据，开立以进口商为付款人的汇票到托收银行交单，要求托收银行做出口托收押汇。经托收行同买入跟单汇票，按照汇票金额扣除自付款日即托收行买入跟单汇单日期到预计收到票款日期的利息和手续费，将约定的款项交给出口商。待出口商收汇票款后，再归还所借的款项。

与进出口押汇相比，银行办理托收押汇的风险要远远超过进出口押汇，因为这两种融资的依据是商业信用，为进口商办理进口托收押汇等于进口商将原来给予出口商的商业信用转给了代收行，从而加大了代收行的风险。为出口商办理出口托收押汇，相当于本应由出口商承担的风险转给了托收行。因此银行在办理托收押汇时要根据进出口商的资信情况、业务往来记录情况，为其核定一个押汇额度，适当控制规模，并提供可靠的担保或抵押，以防意外情况出现时银行资金保障。如出口托收押汇可要求出口商投保出口信用险，进口托收押汇可要求进口商出具信托收据等。

三、打包放款

打包放款（Packing finance）也称打包贷款（Packing Loan），是出口商以国外开来的信用证正本及相关销售合同作为抵押品，申请用于该信用证项下出口商品的进货、备料、生产、装运，金额一般为信用证总额的40%~80%，申请人必须将信用证下单据交给贷款银行叙做出口押汇或收妥结汇。打包放款是一种常见的小额短期贷款，涉及的金额较押汇大，是交单前的融资业务，融资的期限也较长，贷款被挪用的风险比押汇大，适合业务稳定、有一定经济实力的企业。

出口商使用打包放款主要用于装船前的融资，放款货币一般以人民币为主，放款金额最高不超过信用证总金额的 80%。打包放款是单纯依靠买方开来的信用证作抵押来进行的，如果由于种种原因出口商未能满足信用证的条件和要求，或出口商根本未履约，那么信用证的付款承诺就无法兑现，打包放款银行将面临无法收回放款的风险。因此，贷款银行在办理打包放款时必须严格审查销售合同，了解出口商和开证行的资信，审核信用证条款是否表述清晰，是否有对出口商不利的条款，还要根据融资能力来决定放款金额和放款期限。对于装运单据为非物权单据或不能控制全套正本物权单据的，银行要更加严格审查。贷款期间，贷款行和借款人保持密切联系，了解掌握其出口业务的进展及有关合同的执行情况，督促借款人及时发货交单，用所得款项归还贷款，以确保贷方资金的及时回收和利润的正常取得。

四、福费廷

福费廷（Forfaiting）也称包买票据或票据买断，是指商业银行等包买商通过购买出口商无追索权的信用证下由开证行承兑的汇票、或经第三方担保的远期汇票或本票、或确定的远期债权，向出口商提供中长期票据融资。它是国际化大银行长期从事的基本贸易融资品种之一，属于票据融资，是出口信贷的一种类型。

在传统的出口贴现业务中，银行对出口企业是保留追索权的，即当贴现银行未能按期从国外承兑 / 承付 / 保付银行处收到应收款项时，将向出口企业追讨贴现款项本息。相比之下，福费廷业务在无须占用客户授信额度的情况下，为客户提供固定利率的无追索权买断，有效满足客户规避风险，增加现金流，改善财务报表，获得提前核销退税等多方面综合需求。概括来说，福费廷业务是对未到期的贸易应收账款进行无追索权的贴现，使出口商既能获得融资，又可以把风险转移给包买银行。

福费廷起源于第二次世界大战之后，交战各国为了重建家园需要进口大量的建设物资和日用品，美国则成了最大的供应商。瑞士苏黎世银行协会率先开创了“福费廷”这种贸易融资业务。此后，福费廷业务的重点由消费性物资交易转向资本性物资交易，并有了较快的发展。特别在 20 世纪 80 年代以后，由于第三世界国家受债务危机困扰，国际局势动荡不安，官方支持的出口信贷越来越少，正常的银行信贷受到抑制，发展中国家不得不寻求可以替代的资金来源以支持本国货物的出口。基于此种需求，福费廷业务持续增长，福费廷二级市场逐渐形成，交易方式日益灵活，交易金额逐渐增加，而且票据种类也不断扩大，形成了以伦敦、法兰克福和苏黎世为中心的世界性福费廷交易市场。福费廷通过以无追索权方式买断出口商的远期债权，使出口商不仅获得出口，而且消除了出口商远期收汇风险。西方国家、东欧以及其他发展中国家的贸易恢复了活力，为发展中国家进口大型资本货物提供了延期付款的便利。据统计，世界年均福费廷交易占世界贸易的2%。

五、国际保理

国际保理（International Factoring）又称“应收账款收买业务”“承购应收账款业务”“出口销售保管”“应收账款管理服务”等，统称保付代理，简称“保理”，是指出口方以赊销、承兑交单等信用方式向进口方销售货物时，由出口保理商和进口保理商共同提供的集资信调查、应收账款催收与管理、信用风险承担和贸易融资等于一体的综合性金融服务。保理业务与福费廷相似，都是出口商用以规避风险的金融工具。

在赊销、承兑交单等贸易方式下，出口商可将应收账款的债权转让给保理商，由保理商及相关金融机构承担进口商的信用风险，并提供催收货款、账务管理及资金融通服务。在供应链上，国内贸易和国际贸易常常互为首尾，只有将国内保理和国际保理有机结合，才能提供全流程的应收账款解决方案。

国际保理业务最早起源于18世纪的英国，当时只是一种国内业务。由于保理业务的许多优点，以及其在满足对中小企业融资需求及推动国际贸易发展方面的独特应用优势，1960年以来，保理业务的服务已发展成为集贸易融资、商业资信调查、应收账款管理及信用风险担保于一体的综合性金融服务，并已成为国际贸易竞争的一种新工具，广泛应用于国际贸易中。作为一种新颖的贸易融资方式，近20年来保理业务在世界各国的国际贸易和国内贸易中都得到了广泛运用。在西欧和亚太地区的经济发达国家和地区，国际保理业务的发展尤为迅猛，在德国、意大利、比利时、荷兰等发达国家，国际保理业务已经占其保理业务总量的30%以上。

成立于1968年的国际保理商联合会FCI是目前全球最大的保理商网络，有会员150多家，遍布世界50多个国家和地区，我国的中国银行最早于1992年加入该组织，目前国内建设银行、工商银行、交通银行、光大银行等多家银行都加入了该组织。目前，全世界保理公司已达500多家，年业务量在5000亿美元以上。全球有近60个国家的约20万个企业使用保理业务，业务量年均增长率高达18.7%。

六、票据贴现

票据贴现（Notes Discounted）是指承兑信用证项下远期汇票，经指定承兑行审单相符承兑汇票后，提前将汇票净款垫付给受益人对其融资，并寄单给开证行，在到期日获得开证行的偿付，归还垫款。

票据贴现业务可以使用在信用证中，也可在托收中使用，可以对出口商办理融资，也可对进口商融资。信用证项下贴现属于银行信用，只要承兑汇票的银行实力雄厚、资信良好，基本无风险。但对中小银行或经济不稳定地区，以及与中国交往较少地区的银行承兑汇票就存在一定风险。根据实践经验，可进行如下操作防范风险：一是对资信良好有较强实力的出口商，可在授信额度内办理，适当控制规模。二是争取由出口商办理出口信用保险。三是可联系国外大银行无追索权的买断远期汇票，虽然这样贴现率可能会高一些，但出口地银行会得到一定收益，出口商也可以及时得到资金融通。

七、出口信用保险融资

出口信保贸易融资（Export Credit Insurance Trade Finance，以下简称“信保融资”）是指销售商在中国出口信用保险公司投保保险并将赔款权益转让给银行后，银行向其提供的贸易融资。在发生保险责任范围内的损失时，信保公司根据《赔款转让协议》，将按照保险单规定理赔后应付给销售商的赔款直接全额支付给融资银行的业务。信保融资的形式包括信用证项下出口押汇、出口托收项下押汇和赊销项下押汇等。

出口信用保险项下的贸易融资不同于过去传统意义上的抵押、质押和担保贷款，它以销售商应收账款的权益作为融资基础，通过对建立在销售商资金实力和商业信用基础上的偿付能力的全面分析，在销售商投保信用保险并将赔款权益转让给融资银行的前提下，银行针对销售企业的真实销售行为和确定的应收账款金额提供的一种信用贷款。这种全新的融资模式使销售企业，特别是中小企业摆脱因抵押、担保能力不足而无法获得银行融资的尴尬局面，为其扩大经营规模，提高竞争力创造有利条件。

20世纪初诞生于欧洲的出口信用保险，迄今已有近百年的发展历史。作为各国政府普遍采用、行之有效的促进本国出口的政策性金融工具，出口信用保险以国家财政为后盾，将国家外贸、外交等政策融入保险中，为本国出口企业提供收汇保障、融资和风险管理等方面的支持，促进了企业出口贸易、海外投资和对外工程承包等国际经济活动的开展。目前，出口信用保险已成为世界大多数国家出口支持体系中的一个重要组成部分。根据国际信用和投资保险人协会的统计，目前世界出口贸易额中的12%是在出口信用保险支持下实现的。在我国，通过投保出口信用保险，并利用出口信用保险项下保单的贸易融资功能，大量出口企业从商业银行手中获得了贸易融资。

八、存货质押

存货质押融资（Inventory Financing）是指企业以自身经营或生产的库存产品作为质押而取得的融资支持，是一种根据存货的总额来取得循环贷款。现行的做法包括仓单质押、融通仓、保兑仓等。在该模式中，企业可以借助第三方，即物流公司的专业优势帮助自己对存货价值和存货合理性进行评估，促使银行接受动产质押。中小企业、上游企业和银行签订三方协议，银行直接将原料款支付给上游企业，在上游企业接款后发货到银行指定地点，由银行指定的物流监管方进行24小时监管，形成存货质押融资。中小企业每接一笔订单，便交一笔钱给银行赎货，银行即可指令仓储监管机构放一批原料给中小企业，从而完成这一轮的生产。企业以欲购买的生产资料为质押品从银行获得分批付款、分批提货的权利，从而实现了融资，保证顺利生产。存货质押融资模式适用于维持正常经营所需存货库存量较大、价格相对稳定、流动性强并具有较强变现能力的中小企业，为企业解决融资困难。

九、信用证开证融资

信用证开证融资（Issuing Letters of Credit Financing）是指银行应进口商的申请，在对外开证时只收取进口商部分保证金即对外开出信用证。这是银行“借”出自己的信用，而不是真正借出资金。虽然银行没有真正借出资金，但一旦出口商提供了全套相符单据，进口商不能补齐保证金时银行必须垫付。

因此，银行在办理开证融资业务时应注意：①进口货物的类型是否在进出口两国处于管制状态，是否受额度的限制，货物本身是否易受损或过期等，尤其对炒作商品、三废产品等要从严掌握；②审查信用证付款期限与合理的业务周转期限，如果信用证付款期限太长，有可能存在进口商有与出口商联手诈骗银行或挪用银行资金的嫌疑；③信用证付款的依据是单据，如货物有问题将影响进口商的销售回款，进而影响到银行资金的按期收回，因此要对受益人的资信进行调查；④对代理进口业务要从严掌握，代理进口多了一个业务处理环节，对银行控制风险增加了难度。

十、提货担保

提货担保（Delivery Against Bank Guarantee）是指进口商开出信用证后，有时因航程过短货比单据先到，为了能及时提货用于生产销售并免付高额滞仓费，客户可要求银行为其开出提货担保书，交承运人先行提货，待正本提单收到后向承运人换回提货担保书的一种担保业务。客户只需保证日后及时补交正本提单，并负责缴付船公司的各项应收费用及赔偿由此而可能遭受的损失，即可由银行单独或与客户共同向船公司出具书面担保，请其先行放货。提货担保可减轻进口商货物滞港费用负担，及早提货、销售，加速资金周转，而且费用低廉，手续简便。办理提货担保的基本前提是：以海运为运输方式，以信用证为结算方式，且信用证要求提交全套海运提单。

十一、物流融资

物流融资是指以符合一定要求的产品质押为授信条件，运用较具实力的物流公司的物流信息管理系统，将商业银行现金流和企业的物资流有机结合，向客户提供集融资、结算等多项服务于一体的银行综合服务，可开展进口项下现货质押、未来物权（提单）质押融资业务和出口项下现货质押短期装船前融资、物权质押出口应收账款融资等业务。

“物流控制类产品”是银行根据物流动态流转的属性主动加以控制，以达到通过控制在途物权，并最终控制资金流的方式来为企业提供贸易融资。由于控制了物流环节，企业就无须再提供额外的抵押或担保，实际上是为客户创造价值和财富。“物流控制类产品”可为中小型企业提供广阔的融资平台。

十二、服务增值类产品

服务增值类产品是指商业银行的贸易金融产品借助自身和客户、政府部门的信息网络，通过客户和关联部门提供及时、准确、有效的产品服务及信息支持，提高客户对银行的忠诚度，为客户提供能够优化管理、加快业务处理流程和得到有效信息等的综合性服务，如远期结售汇及衍生产品、网上开证和银关通等。“服务增值类产品”是依据强大的科技平台，通过企业系统对接为客户提供完全透明化的产品。

第四节　贸易金融的历史沿革

如果说贸易贯穿了商品社会的发展史，贸易金融则贯穿了商业银行的发展史。贸易金融最早可追溯到中世纪地中海沿岸的近代商业银行萌芽时期。经过几个世纪的发展，贸易金融从单纯的贸易结算与融资发展到了服务于贸易链全过程，与投资、生产、销售活动紧密联系的综合金融服务阶段。

一、贸易金融的萌芽阶段

公元7世纪至8世纪，阿拉伯人贩运非洲的象牙、中国的丝绸、远东的香料和宝石，并以现金结算。公元11世纪以后，随着意大利北部和波罗的海沿岸城市的兴起，对外贸易范围扩大到了地中海、北海、波罗的海和黑海沿岸。

东西方的贸易大大地推动了欧洲封建经济的发展，特别是行会手工业的发展，从而使得西欧在城际之间、国际之间的集市贸易十分繁荣和发达，因此，以运送现金作为结算手段已不能满足需要。在威尼斯和热那亚等国际贸易中心出现了一些商人，他们专门为各国贸易商提供货币兑换和支付中介服务，其本质就是贸易金融服务。

公元12世纪，地中海沿岸国家银行业开始逐渐发展起来，并在交易中已经使用了“兑换证书”形式的票据。1171年在商业中心、海上强国威尼斯所成立的威尼斯银行，以及1407年在手工业和海上贸易发达的热那亚所成立的热那亚银行等独立的私人银行开始使用“兑换证书”票据。

随着新航路的开辟和“新大陆”的发现，海外市场领域骤然扩大，海外贸易商品的种类和数量也急剧增加。金银铸币等现金结算给人们带来了更多的不便，于是票据汇兑开始流行。它与以汇票为基础的“商人信用证”的广泛使用，推动了欧洲各国对外贸易的发展。同时，兑换、保管以及汇兑业务的发展为今后开展融资业务打下了基础。

15世纪下半叶，欧洲又重新恢复了经济活力。西欧的冒险商公司在对外进行殖民贸易时，无不系商品经营与货币经营于一身，如东印度公司、怡和洋行。从16世纪起，欧洲几个主要国家开始在海上相互袭击和抢劫对方商船，进行连年不断的争夺贸易霸权的战争，使得商人和制造商无力负担对外贸易中的财务风险。1580年，在当时的世界商业中心意大利出现了最早的近代银行。自1825年起，英国伦敦崛起了一批承兑商号，专门承担出口业务中的财务风险，从事以承兑票据方式为贸易提供融资的业务。这些可以被视作贸易金融的雏形。

二、贸易金融的发展阶段

英、法、德、美等国在完成工业革命后，为了开拓工业品市场，占领农业和矿业原材料产地，各国疯狂向外扩张，到处建立殖民地，形成了世界范围内的国际分工和国际贸易，对外贸易得到了空前发展，激发了对金融服务的需求，这一阶段的贸易金融服务得到了较大的发展。

自由资本主义开始向垄断资本主义过渡时期，国际贸易进一步蓬勃发展，竞争的加剧以及贸易风险的提高使得银行的融资积极性受到影响。为减缓银行的信贷风险，英国政府1919年成立了“出口信贷担保局”（ECGD），以便利出口商从银行获得资金融通。

在1929~1933年世界经济危机期间，许多私营银行和金融机构面临危机倒闭的危险，它们没有能力也不敢冒险大规模经营贸易融资业务。在此背景下，在欧洲相继成立了不同性质和特点的官方出口信用机构，从而出现了具有政府背景的、以扩大本国出口为目的的出口信贷。

到了垄断资本主义时期，随着跨国公司的蓬勃兴起，全球范围内的资源配置、生产组织形式、经营活动方式、市场规模等都发生了巨大变化，国际贸易迅猛发展，国际贸易融资需求快速上升。然而20世纪60年代后期，受国际债务危机的影响，各大银行放款速度明显放缓，各国政府也限制了本国银行的对外贷款规模，国际保理、福费廷等多种新型的国际贸易融资方式应运而生。

19世纪中叶世界贸易迅速发展，为解决贸易过程中交易链条长、信用风险高、资金压力大等问题，信用证及相关的进出口融资工具出现。这种金融创新极大地推动了世界贸易和国际银行业务的发展。

20世纪下半叶以来布雷顿森林体系瓦解，汇率波动更为频繁，进出口融资、福费廷、保理等贸易相关的金融服务蓬勃发展。特别是在信息技术革命推动下，世界分工模式发生深刻变革，全球贸易进入加速发展时期，对贸易金融提出了更高要求。但贸易金融业务仍主要围绕着贸易结算和贸易融资进行，只关注业务所涉及的买方和卖方（即供应链两端的上下游企业）。

三、贸易金融的创新阶段

在信息技术革命推动下，经济全球化进一步深化，世界分工模式发生深刻变革，全球贸易进入加速发展时期，对高效率、高质量贸易金融服务的需求也逐渐增加。贸易金融也从狭义的贸易结算与融资的发展阶段进入了服务于贸易链全过程，即与投资、生产、销售活动紧密联系的综合金融服务阶段。供应链金融的核心在于通过向链条核心企业注资，供应链从原材料采购，到制成中间产品，再到生产出最终产品，最后由销售网络把产品送到终端消费者手中，将供应商、制造商、分销商、零售商、直到最终用户连成一个整体，从而实现了供应链的整合。供应链金融的另一个核心在于将物流、资金流和信息流统一起来，达到三流合一的更高层次，从而进入贸易金融业务发展的新阶段。

第五节　贸易金融的发展现状

我国国际贸易融资业务的发展开始于20世纪90年代中后期，经过十多年的发展取得了一定的进展。根据国际保理商联合会（简称FCI）的统计数据，我国国际保理的业务量增长迅速，但从整体上看，我国贸易融资业务的发展仍然较慢，国家统计局2010年的数据显示，贸易融资额仅占银行贷款余额的3%，不论从占国际贸易交易的比重还是从占商业银行业务余额的比重看，贸易融资所占比重都较小，且贸易融资集中于大型企业。而国际贸易融资在国际上经过上百年的发展，已经逐渐形成了一套规范的国际惯例做法，一些银行贸易融资业务已占到收入的四至八成。如现在美、日、欧国家，80%的国际贸易货款都采用了国际保理结算，而我国85%以上的外贸货款都采用信用证方式结算。

一、我国贸易金融发展现状

（一）现状

根据国家外汇管理局的定义，有资格经营贸易金融服务的“外汇银行”特指经中国人民银行批准开办该项业务的“外汇指定银行”，包括74家外资金融机构、中农工建交5大国有股份制商业银行、中小股份制商业银行及其分支机构。

根据各银行目前的市场比重，可以把贸易金融产品经营机构划分为3个集团。

1. 第一集团

中国银行、农业银行、工商银行、建设银行、交通银行5大具有浓厚国资背景的大型商业银行占有贸易金融市场的半壁江山，市场份额达到54%，其优势地位不可动摇。该集团主要服务对象为大中型国有企业、历史悠久的专业外贸公司、部分大中型外资企业。其中，中国银行的贸易金融业务不仅在国内市场，在国际市场也居于领先水平，其分支机构遍布全球，被《Trade Finance》杂志评选为“中国本土最佳贸易服务银行”。除传统国际结算服务外，中国银行还为企业提供了大量特色贸易融资业务。如中国银行在各种单一贸易融资产品的基础上，推出了“达”系列的融资组合，包括出口权益达、出口汇利达、融付达、融信达、融易达、融货达、进口汇利达、通易达等，每一种方案都是将某些融资方式加以组合，以满足一类特定的融资需求。目前，中国银行提供包括国际贸易结算、国际贸易融资、国内贸易金融、保函、供应链等5大类共23种贸易金融产品。

中国建设银行也推出了一些组合融资，如“融货通”，融资方以自有或第三人合法所有货物动产或代表以上动产的货权凭证作质押，并由建行指定的第三方物流企业进行监管，为进出口商提供的融资服务。建行的“融货通”内容很丰富，有“现货仓”“海陆仓”和“保税仓”三种模式，其内容涵盖了常见的多种贸易融资产品，如进口开证、打包贷款、出口议付和信托收据贷款等。“现货仓”模式对应出口项下的仓单融资，而“海陆仓”和“保税仓”则对应进口项下的仓单融资。

2. 第二集团

主要包括进入中国的外商独资银行、中外合资银行、外国银行在华的营业性分支机构。这一集团利用母公司的资源优势、品牌影响力和自身的技术优势，以汇丰银行、花旗银行、渣打银行、纽约银行等为代表，控制了大部分在华外资企业的贸易金融业务，市场占有率达到30%。

3. 第三集团

主要是指以民生银行、浦发银行、广发银行等为代表的中小商业银行。该集团以区域性服务为主，以地方大中型企业为主要服务对象，近几年也开始积极向本地优质中小企业和民营企业提供各类服务，是中小企业获得贸易结算、贸易融资和其他业务的主要银行。

（二）贸易金融发展中存在的问题

1. 企业对贸易金融的新内涵认识不足

我国企业习惯于采用传统的贸易融资方式，融资企业大多仅凭借自身资信获得传统贸易融资，而没有借助贸易本身的现金流获得融资的意识。企业在有融资需求时更多地会选择向国内中资银行寻求融资，而中资银行该类业务品种较少，企业几乎没有太大的选择余地，也很少能享受到“量体裁衣”的定制化服务的优势。这从很大程度上限制了各种新型贸易金融产品的使用和推广。

2. 传统授信体制不完善

目前，大部分中资银行的授信标准仍以考察企业主体信用，以及担保条件是否充分为主，企业的财务及资信状况仍然是核定信用额度的决定性因素。

企业要取得融资授信，必须具有较强的资产实力、较好的财务报表数据或担保保证。在审批程序上，如果企业的融资金额一旦超过事先审批的授信额度，中资银行必须重新进行上报审批，效率不能满足客户的及时性要求。而外资银行给予客户的贸易融资授信额度不是单一固定的，而是根据具体的融资企业、贸易商品、贸易情景给予不同的授信额度。

3. 银行内部组织结构不合理

国际知名外资银行对贸易融资基本上实行事业部管理。而中资银行大都采用传统的总、分、支行管理模式，总行及省级分行基本属于行政管理，并不参与直接经营，各级银行的相应部门仍主要对本级的行长负责，这样的管理模式是无法适应贸易金融业务的全球化和专业化的特点。

4. 基础融资产品较少

就国际贸易金融产品的种类而言，我国同发达国家相似，但在实践中基本上仍以传统的融资方式为主，而国际保理、福费廷和银团贷款等新兴的融资方式，虽然大多数中资银行目前都可以开展，但整体上却发展缓慢，业务量较小。基础贸易融资产品普及的程度和速度决定了我国新型贸易金融品种还非常少。如目前主要的结构性贸易金融产品主要是出口信贷、出口信用保险和福费廷的组合，缺乏个性化设计。

5. 贸易融资二级市场流动性不足

我国目前尚未建立起完善的贸易金融相关市场，票据交易仍以银行承兑汇票为主，商业承兑票据流通非常有限。以福费廷业务为例，如果有发达的二级市场，当包买银行在急需资金或想转移风险时，就可以很方便地将未到期的票据转让出去，从而保证银行的利益。而我国由于缺乏有效的二级市场，商业银行目前只能依靠外资银行作为二级包买商，将包买票据转卖出去，获得有限利差，使融资银行的利润大打折扣，因而缺乏从事相关融资业务的动力。

6. 高素质专业人才的缺乏

外资银行贸易金融团队大多由熟悉单证业务、货运和专精于期货等衍生品及专注于研究某些行业的专业人才组成，专业性很强，能够得到客户的广泛认可。而我国中资银行的工作人员对各种融资工具和金融衍生工具的用途、适用条件和实践操作尚不能做到完全掌握，更谈不上对所融资商品的市场的深入了解，这势必造成我国的结构性贸易融资在综合运用方面明显滞后于发达国家。

7. 相关法律法规不完善

我国相关法律法规尚不完善，立法明显滞后于融资业务的发展。例如，福费廷和国际保理都是通过对票据无追索权的贴现实现对企业的融资，但是根据我国现行的《票据法》，无追索权是不被支持的，这无疑会阻碍国际保理和福费廷在我国的应用，也加大了银行开展业务的风险，制约了贸易金融新产品的发展。

二、发达国家贸易金融发展现状

（一）各国主要做法

1. 美国

美国市场上有众多国际贸易融资的金融机构，其中，美国进出口银行是出口融资活动的主要机构。此外，还有私人出口基金公司、小企业管理机构、对外信贷保险协会、海外私人投资公司、国际开发署、贸易与开发机构等。

美国进出口银行的融资业务受国家政策的约束，包括直接向外国买主贷款、间接向外国买主贷款、对外国买主提供支付担保、对流动资本提供担保4种形式。

私人出口基金公司由41家银行和7家工业公司组成，主要功能是为购买美国产品和劳务的外国进口商补充资金来源，其融资金额大、期限长，而且大多是商业银行不愿承担的项目。所有该公司的贷款必须由进出口银行担保。

小企业管理机构负责向进入海外市场的中小企业提供信贷的私人贷款机构提供担保，确立出口信贷周转基金担保计划。同进出口银行一样，它作为从事出口的中小企业贸易信贷的担保人，可以对一些出口贸易公司进行融资。

对外信贷保险协会由美国进出口银行及私人保险集团于1961年建立，主要是对外国买主因政治及经济上的原因发生呆账而遭受的损失进行担保。海外私人投资公司主要对美国在海外的投资进行担保或融资。

国际开发署负责管理美国对发展中国家的经济援助，发展援助是以贷款和赠予的形式出现，资金用于资助美国产品和劳务出口。贸易与开发署致力于帮助美国出口商进入或扩大发展中国家的市场，主要对可行性研究及其计划进行融资，也可以在出口项目的计划阶段提供各种咨询服务。

2. 日本

日本的贸易融资主要是由日本进出口银行仿照美国进出口银行开展。在贸易融资方面既是政府的主要代表，又是自我积累、自我发展基础上的自主性金融组织。该银行的资本和储备由国库一次性的拨款组成，金额约60亿美元，债务有300亿美元。

日本采取专业化银行制度，大型企业可以比较容易得到其主办银行的间接融资，而中小企业则可以向日本进出口银行申请贸易融资，或者在商业银行办理贸易融资业务，商业银行可以再将出口贸易项下的汇票在其中央银行日本银行进行再贴现或贷款担保。银行面临的中小企业还款风险可以通过不同的途径转移给国家，而不必由商业银行自行负担。这种模式的优点在于国家可以清楚地体现和执行自己的产业政策，符合国家政策的中小企业可以通过简单有效的渠道反映自己的融资需求，获得贸易融资。

3. 法国

法国的出口信用保险体系受到世界各国普遍称道。法国外贸信贷保险公司（简称COFACE）是向法国出口商提供出口保险的最主要机构，享有提供“慷慨保险”之美称。该公司成立于1946年，是一家以公共机构持股为主的公司，授权资本3000万法郎。目前，该公司在法国各大区都设有地方分支机构，在国外通过控股、参股、分支机构和合作等方式，在全球37个国家和地区设立了出口信用保险业务网络，提供统一的服务。该公司不仅承保短期商业信用风险，而且还承保向经合组织国家出口的短期政治风险，以及与重复性业务有关的汇率风险、成本上升风险等，并且自从成立之日起就代表国家开展出口担保业务，内容主要包括市场开拓保险担保、中长期信贷担保等，主要目的是支持法国企业扩大出口。该公司开办的出口保险业务有：装船前及装船后信用保险、成本增加风险保险、汇率波动风险保险、投资风险保险、市场销售风险保险、贸易展览会风险保险等。

4. 意大利

在意大利，出口信贷保险由全国保险协会1978年建立的出口保险部进行，对同150个国家的外贸合同实行出口信贷保险。提供银行信贷有两种情况：一种是由政府之间确定合同、信贷额及贷款条件，金融机构在技术上确定信贷协定的细节，国家担负信贷的风险；另一种情况是信贷额由意大利公司和外国买主决定，但进行这种业务时出口商须获得对外贸易部的允许。国家也对外国银行向第三国债务人提供的信贷进行担保，条件是这种贷款用于意大利出口产品的融资。

5. 德国

开办福费廷业务较早的德国西德意志州银行2000年做了2478宗交易，并于1999年末首次将这项业务证券化，此举大大提高了资本的流动性，同时也降低成本，分散风险。由于出口企业可以通过这项业务及时从银行收回资金，因此这同样也有利于降低企业的风险，有利于企业融通资金，改善财务状况。此外，福费廷业务还具有可以提前办理出口核销和退税，不影响银行的授信额度等方面的优势，因此对企业颇具吸引力。

6. 英国、比利时、瑞士、荷兰

这几个国家一个主要共同特点是私营出口信用保险商的出现使短期、中期和长期出口信用保险业务区分开来。通常的做法是政治风险和中长期风险由政府部门承担，短期风险则由政府授权给私营保险商承担，两者已经发展到密切合作的程度。国家开展出口信用保险的目的就是为了促进出口，私营信用保险市场对政府信用保险业务起到拾遗补阙的作用。随着短期出口信用保险私有化，出口商能更容易地得到贸易融资，出口商承担的买方无力偿还风险也能减小到最低程度，私营保险商能更为小心地审视他们的出口信用风险，以避免这种损失，使其在国际市场上保持竞争力。例如英国的短期出口信用保险由私营企业——英国出口信用保险局和贸易保险信用公司经营。

7. 印度、加拿大、澳大利亚

这几个国家比较有特色之处是其经营模式，即政府成立全资公司间接办理出口信用保险的“印度模式”，这是一种将政策性业务与商业经营方式有机结合的模式。该模式的特点是：依照国家法律或政府命令由财政出资组建一个独立经营的全资国有公司，专门负责经营出口信用保险，政府只负责制定经营政策和方针，并以财政担保为后盾，由全资国有公司以商业经营方式提供出口信用保险，由于该种模式政府负担小，补贴少或不补贴，因此比较适合于那些不太富裕的发展中国家，以及以一般制成品、农产品和矿产品出口为主的外贸机构，因而为很多国家所采用。但是，这类机构由于资金实力不够雄厚，在承保大额资本货物出口等信用保险时往往力不从心，这是该模式的局限性所在。从全球出口信用保险业发展趋势来看，这一将政策性业务与商业经营方式有机结合的模式，很可能会居于主导地位。目前，印度、加拿大、澳大利亚和“亚洲四小龙”均采用了这种模式或与此相近的模式。

三、国际经验做法的启示

(一) 完善融资体系

发达国家的融资体系一般由政府非营利性的融资机构、提供融资的商业银行及其他金融机构三部分组成，政府在融资中发挥着重要的作用。政府以少量财政支出利用信用中介的杠杆效应，带动商业银行及其他金融机构的大量资金投向企业，这是贸易融资体系的最佳模式。

(二) 贸易融资资金多元化

发达国家出口融资的来源主要是依靠国家预算，也有私人资金和地方资金。如意大利的出口信贷及担保，主要靠国家预算资金，资金不足时在国内外市场发行债券筹集资金。

(三) 融资方式灵活丰富

国际贸易融资创新借鉴了长期资金市场的某些特点。以福费廷业务为例，二级市场上的转售及类似于银团贷款的辛迪加方式均带有资本市场的特征，而利率的可变也突破了传统福费廷利率固定的做法，多家银行进行的风险参与则类似于再保险。

(四) 借鉴证券市场经验进行管理

银行主动管理所持有的国际贸易融资，运用诸如资本资产定价模型来评估风险，通过地域分散化来降低整体贷款组合的风险；采纳证券市场的管理经验，运用诸如资本资产定价模型来评估融资风险；采用出售、贷款证券化等方式优化融资组合；根据市场基准来衡量国际贸易融资的表现；建立包括商品期货、金融期货和期权等衍生品市场和票据流通市场在内的发达的贸易融资二级市场，以加快银行资本流转、缓释风险。如香港市场上的花旗银行和高盛推出了流动性杠杆贷款指数作为基准价格指数，以此为国际贸易融资提供客观的衡量标准。

(五) 与国际贸易结算手段紧密结合

国际上国际贸易融资业务不仅强调和重视流动性、风险性及对国际贸易发展的适应性，而且积极借鉴其他市场的做法，使国际贸易融资更为灵活和方便。如移植了辛迪加这种组织形式，由多家银行或机构联合对大额交易共同提供融资；采用国际保理业务规避在办理国际贸易结算时可能遇到的各种风险，同时给予出口商以融资支持；利用可转让信用证、背对背信用证和假远期信用证进行融资和获利。

(六) 完善银行传统授信体制

银行制定专门的授信审核标准，通过对融资企业、行业特征、生产特性、贸易背景、市场价格行情及货运和仓储等因素的综合考量来合理核定授信额度。由于贸易金融创新产品具有较强的时效性，银行要在保证风险控制的条件下，尽量缩短授信审批时间，及时满足客户的融资需求。

(七) 完善与贸易金融相关的法律体系

中国可以借鉴欧美等发达国家关于贸易金融相关领域的立法，建立资信评估机制，对票据进行分类评级，并对票据流通中出现的交易风险和纠纷进行公正地评估、仲裁，保证票据当事人的合法权益，以规范贸易融资业务的设计与运作，保护银行、融资企业等各参与方的合法利益。

四、贸易金融服务的发展新趋势

随着经济全球化、国际投资和跨国公司迅猛发展，国际竞争已逐渐由企业间竞争转变为供应链环节竞争，供应链竞争逐渐成为国际竞争主要方式。经济全球化导致企业生产和销售布局日益全球化，全球融资和资金往来日益频繁，使得企业对财务管理提出新的要求。全球科技产业化浪潮中信息技术飞速发展，使全球经济进入以知识信息为核心的竞争资本时代。在此背景下国际贸易呈现出新的特点，为之服务的贸易金融亦呈现出新的发展趋势。

（一）与贸易供应链相结合

贸易供应链是指由原材料供应商、商品制造商、运输公司、仓储及配送中心和渠道销售商等构成的物流网络。金融企业在这个网络的不同节点可提供不同的服务，或在全部节点提供全程服务。如出口商接到订单后，在生产前需要支付预付款或全部货款来购买原材料；在生产过程中需要流动资金；生产后的成品进入运输与仓储环节后资金受到积压；从最终渠道销售商（进口商）确认货物到拿到应收账款又需要一段时间。

金融企业可通过供应链分析上下游客户之间的交易关系，实现对物流和资金流的有效控制，采取灵活的方式为处在贸易供应链不同环节的客户提供结算、融资、担保及账户管理等金融服务。

（二）与企业财务管理相结合

以汇付、托收等为主要结算方式的赊销，以及以延期付款或承兑的形式开具的信用证结算给出口商带来大量的应收账款，出口商为加速资金周转，通常将应收账款出售给银行或专业金融公司以收回现金。跨国公司为应对全球采购和销售带来的财务管理复杂化，通常需金融企业帮助建立全球集中化的财务管理模式，以追踪每日现金盈余情况、币种结构情况、信贷余额情况、债务情况、应收账款情况等，确保资金链安全高效。因此，贸易融资与企业财务管理相结合已成为贸易金融发展的重要趋势。

（三）与信息技术相结合

当今信息科技的迅猛发展为国际贸易中的“信息流、物流和资金流”带来巨大的变化。如互联网创造随时随地交换信息的便利，买卖双方建立的EDI（数据交换系统）平台实现商品零库存和生产低成本；无纸贸易在运输、商检、海关、结算等环节的广泛应用，大大提高物流速度；跨国公司依托金融企业建立起全球集中化财务资金管理系统，实现实时调剂资金余缺，极大地提高资金运用效率，这些无不对金融企业提出新要求，既要能通过安全的互联网渠道为客户全球性的商务交易提供服务平台，又要能通过信息技术与电子政务相关机构以及运输公司、物流公司、信息咨询公司等建立良好合作关系。

第二章

金融创新

第一节　金融创新概述

一、金融创新的含义

金融创新的定义虽然大多源于熊彼特经济创新的概念，但各个定义的内涵差异较大，概括起来对于金融创新的理解不外乎有三个层面。

第一，宏观层面的金融创新将金融创新与金融史上的重大历史变革等同起来，认为整个金融业的发展史就是一部不断创新的历史，金融业的每项重大发展都离不开金融创新。

从这个层面上理解金融创新有如下特点：金融创新的时间跨度长，将整个货币信用的发展史视为金融创新史，金融发展史上的每一次重大突破都视为金融创新；金融创新涉及的范围相当广泛，不仅包括金融技术的创新，金融市场的创新，金融服务、产品的创新，金融企业组织和管理方式的创新，金融服务业结构上的创新，而且还包括现代银行业产生以来有关银行业务、银行支付和清算体系、银行的资产负债管理乃至金融机构、金融市场、金融体系、国际货币制度等方面的历次变革。如此长的历史跨度和如此广的研究空间使得金融创新研究可望而不可及。

第二，中观层面的金融创新是指20世纪50年代末60年代初以后，金融机构特别是银行中介功能的变化，它可以分为技术创新、产品创新以及制度创新。技术创新是指制造新产品时，采用新的生产要素或重新组合要素、生产方法、管理系统的过程。产品创新是指产品的供给方生产比传统产品性能更好、质量更优的新产品的过程。制度创新则是指一个系统的形成和功能发生了变化，而使系统效率有所提高的过程。从这个层面上，可将金融创新定义为政府或金融当局和金融机构为适应经济环境的变化和在金融过程中的内部矛盾运动，防止或转移经营风险和降低成本，更好地实现流动性、安全性和营利性目标而逐步改变金融中介功能，创造和组合一个新的高效率的资金营运方式或营运体系的过程。中观层次的金融创新概念不仅把研究的时间限制在20世纪60年代以后，而且研究对象也有明确的内涵，因此，大多数关于金融创新理论的研究均采用此概念。

第三，做观层面的金融创新仅指金融工具的创新。大致可分为四种类型：信用创新型，如用短期信用来实现中期信用，以及分散投资者独家承担贷款风险的票据发行便利等；风险转移创新型，它包括能在各经济机构之间相互转移金融工具内在风险的各种新工具，如货币互换、利率互换等；增加流动创新型，它包括能使原有的金融工具提高变现能力和可转换性的新金融工具，如长期贷款的证券化等：股权创造创新型，它包括使债权变为股权的各种新金融工具，如附有股权认购书的债券等。

我国学者对此的定义为：金融创新是指金融内部通过各种要素的重新组合和创造性变革所创造或引进的新事物。并认为金融创新大致可归为三类：①金融制度创新；②金融业务创新；③金融组织创新。

从思维层次上看，“创新”有三层含义：

(1) 原创性思想的跃进，如第一份期权合约的产生；

(2) 整合性将已有观念的重新理解和运用，如期货合约的产生；

(3) 组合性创性，如蝶式期权的产生。

二、金融创新的理论基础

(一) 西尔柏的约束诱导型企融创新理论

(1) 西尔柏（W.L.Silber）主要是从供给角度来探索金融创新。西尔柏研究金融创新是从寻求利润最大化的金融公司创新最积极这个表象开始的，由此归纳出金融创新是微观金融组织为了寻求最大的利润，减轻外部对其产生的金融压制而采取的“自卫”行为。

(2) 西尔柏认为，金融压制来自两个方面：一是政府的控制管理：二是内部强加的压制。

(二) 凯恩的规避型金融创新理论

(1) 凯恩（E.J.Kane）提出了“规避”的金融创新理论。所谓“规避”就是指对各种规章制度的限制性措施实行回避。“规避创新”则是回避各种金融控制和管理的行为。它意味着当外在市场力量和市场机制与机构内在要求相结合，回避各种金融控制和规章制度时就产生了金融创新行为。

(2) “规避”理论非常重视外部环境对金融创新的影响。从“规避”本身来说，也许能够说明它是一些金融创新行为的源泉，但是“规避”理论似乎太绝对和抽象化地把规避和创新逻辑地联系在一起，而排除了其他一些因素的作用和影响，其中最重要的是制度因素的推动力。

(三) 希克斯和尼汉斯的交易成本创新理论

(1) 希克斯（J.R.Hicks）和尼汉斯（J.Niehans）提出的金融创新理论的基本命题

是“金融创新的支配因素是降低交易成本”。这个命题包括两层含义：一是降低交易成本是金融创新的首要动机，交易成本的高低决定金融业务和金融工具是否具有实际意义；二是金融创新实质上是对科技进步导致交易成本降低的反映。

（2）交易成本理论把金融创新的源泉完全归因于金融微观经济结构变化引起的交易成本下降，是有一定局限性的。因为它忽视了交易成本降低并非完全由科技进步引起，竞争也会使交易成本不断下降，外部经济环境的变化对降低交易成本也有一定的作用。

（3）交易成本理论单纯地以交易成本下降来解释金融创新原因，把问题的内部属性看得过于简单。但是，它仍不失为研究金融创新的一种有效的分析方法。

（四）金融深化理论

（1）美国经济学家爱德华·S·肖从发展经济学的角度对金融与经济发展的关系进行了开创性的研究。

（2）肖提出金融深化理论，要求放松金融管制，实行金融自由化。这与金融创新的要求相适应，因此成为推动金融创新的重要理论依据。

（五）制度学派的金融创新理论

（1）以戴维斯（S.Davies）、塞拉（R.Sylla）和诺斯（North）等为代表。

（2）这种金融创新理论认为，作为经济制度的一个组成部分，金融创新应该是一种与经济制度互为影响、互为因果关系的制度改革。

（六）理性预期理论

（1）理性预期学派是从货币学派分离出来的一个新兴经济学流派，最早提出理性预期思想的是美国经济学家约翰·穆斯。20世纪70年代初，卢卡斯正式提出了理性预期理论。

（2）理性预期理论的核心命题有两个：

①人们在看到现实即将发生变化时倾向于从自身利益出发，作出合理的、明智的反应；

②那些合理的、明智的反应能够使政府的财政政策和货币政策不能取得预期的效果。

（七）格林和海伍德的财富增长理论

格林（B.Green）和海伍德（J.Haywood）认为财富的增长是决定金融资产和金融

创新需求的主要因素。

三、金融创新的原因

(一) 顺应需求的变化

20 世纪 50 年代，3 个月期的美元国库券利率在 1% ~ 3.5% 波动，到了 70 年代，它的波幅达到 4% ~ 11.5%。而 80 年代这一波幅已扩大至 5% ~ 15% 以上。利率的剧烈波动造成了巨额的资本利得或资本损失，并使投资回报率具有较大的不确定性。经济环境的这一变化，刺激了对满足该需求的创新的探求，激励人们创造一些能够降低利率风险的新的金融工具。在该需求的推动下，20 世纪 70 年代产生了三种新的金融创新：可变利率抵押贷款、金融期货交易和金融工具的期权交易。

(二) 顺应供给的变化

当前计算机和通信技术的改善，是导致供给条件发生变化的最重要的源泉，它有力地刺激了金融创新。当能够大大降低金融交易成本的新计算机技术可以运用时，金融机构便可据以设想出可能对公众有吸引力的新金融产品和新金融工具，银行卡即是其中之一。计算机和通信技术的改善也增强了市场获得证券信息的能力，这种由交易和信息技术的改善而引发的金融创新最重要的例证是证券化。此外，政府管理制度的变化也能够导致供给条件变化，由政府管理变化而发生的金融创新的例子是贴现经纪人和股票指数期货的出现。

(三) 规避既有管理法规

由于金融业较其他行业受到更为严格的管理，政府管理法规就成为这个行业创新的重要推动力量。当管理法规的某种约束可以合理地或被默认地予以规避，并可以带来收益，创新就会发生。过去美国银行业在法定准备金与存款利率两个方面受到限制。自 20 世纪 60 年代末期开始，由于通货膨胀率引起的较高的利率水平同存款利率上限和存款准备金合在一起减少了银行的利润，促使商业银行产生了欧洲美元、银行商业票据、可转让提款通知书账户（NOW）、自动转换储蓄账户（ATS）和隔日回购协定、货币市场互助基金（MMMF）等形式的金融创新。

四、金融创新的种类

我国学者对此的定义为：金融创新是指金融内部通过各种要素的重新组合和创造性变革所创造或引进的新事物。并认为金融创新大致可归为四类：①金融传统业务的创新；②金融市场创新；③金融工具的创新；④金融制度的创新。

(一) 金融传统业务的创新

1. 负债业务的创新

(1) 商业银行负债业务的创新是对传统业务的改造、新型存款方式的创造与拓展。

(2) 商业银行的新型存款账户突出个性化，迎合了市场不同客户的不同需求。

(3) 商业银行负债的范围、用途多样化。

2. 资产业务的创新

20 世纪 40 年代以后，商业银行的资产业务创新不如负债业务创新那么活跃，创新主要表现在贷款业务上，具体表现在以下四个方面：

(1) 贷款结构的变化；

(2) 贷款证券化；

(3) 与市场利率密切联系的贷款形式不断出现；

(4) 贷款业务表外化。

3. 资产负债表及业务创新

商业银行的资产负债表外业务是指商业银行在不涉及账上资产与负债变动的情况下，通过投入一部分人力、物力而改变当期损益增加收益率的业务活动。其实质就是在不扩大资产与负债的同时只收取手续费和佣金的业务。随着金融业竞争的加剧、科学技术的不断发展和银行趋利避险的本质要求，20 世纪 80 年代，表外业务得到普遍重视，不断进行业务创新，并迅速发展起来。典型的表外业务创新有贷款证券化、担保、承诺、支持性信用证等。据统计，瑞士银行在 1992 ~ 1993 年间，表外业务的收益就占总利润的 70% 以上，德国在 1992 年通过表外业务就获利 340 亿马克，占总盈利的 65%。

(二) 金融市场的创新

1. 境外金融市场——跨越国界的金融市场创新

境外金融市场又称离岸金融市场、外币存放市场，是指在一国境外进行该国货币的存款、放款、投资、债券发行和买卖业务的市场。由于这种市场起源于欧洲，所以也叫欧洲货币市场。

欧洲货币市场作为一个创新的市场，具有以下特点：

(1) 摆脱了任何国家政府法规、税制的管制约束，非常自由。

(2) 突破了国际贸易与国际金融汇集地的限制。

(3) 银行间的批发市场，成交金额巨大。

(4) 存款利率略高于国内金融市场，贷款利率略低于国内金融市场，对资金存款人和借款人都有吸引力。

(5) 完全是外国投资者和外国筹资者的关系，即非居民与非居民的借贷关系。

2. 证券化抵押市场——成功的金融市场创新

20 世纪 80 年代金融市场的重要创新是证券化抵押市场的形成和发展。证券化在 20 世纪 70 年代已经出现，在 80 年代得到迅速发展，在抵押贷款证券化的基础上，出现了以抵押贷款为基础发行的证券的二级市场，这一市场称之为证券化抵押市场。在美国，这种二级市场以联邦国民抵押协会和联邦住宅放款抵押公司为中心组成，抵押贷款证券化的数量和二级市场规模不断扩大，英国在 20 世纪 80 年代中期也形成了类似的市场。随着银行资产证券化的发展，各种新型抵押债券的发行，更使这一市场进一步趋向繁荣。证券化抵押市场由于发行者一般具有雄厚实力、信用级别高、安全性好的特点，同时收益也较高，对投资者很有吸引力，因而成为成功的金融市场创新。

3. 金融衍生市场——生命力最强的金融市场创新

衍生工具最早在商品交易市场引入，金融衍生工具的交易在 20 世纪 20 年代也已出现，最早的是由股票交易所引入的股票期权交易。1972 年 5 月 16 日，美国芝加哥商品交易所的分支——“国际货币市场”率先经营六种国际货币（英镑、加拿大元、德国马克、日元、瑞士法郎和澳大利亚元）的期货合约，世界上第一个买卖国际货币期货的有形市场成立。此后，外汇期货业务在世界范围内迅速发展。20 世纪 70 年代中后期，债券期货、国库券期货、利率期货、股票指数期货纷纷推出，一个新型的金融市场——期货市场宣告形成并在全球迅速发展。1973 年 4 月 26 日，芝加哥期权交易所宣告成立，也宣告了另一重要金融市场——期权市场的诞生。

（三）金融工具的创新

1. 风险转移型创新工具

(1) 价格风险转移型创新工具。该类工具可以减少资产价格变动的风险或转移这类风险。20 世纪 70 年代以来汇率和利率的波动加剧，所以这类创新工具在金融市场上很受欢迎。这类创新工具主要有：可调整利率抵押、浮动利率抵押、背对背贷款、金融期货及期权、互换及定期利率协议、票据发行便利等。

(2) 信用风险转移型创新工具。该类工具可以减少和转移金融资产信用状况因非正常恶化而导致的风险。其大量出现是以 20 世纪 80 年代石油供应过剩与债务危机等事件为背景的。

由于这些国际事件使许多金融资产的信用状况恶化，引起对这类工具的大量需求。这类创新工具主要有：无追索权的资产销售、贷款互换、证券化的资产、可转让贷款合同、信用证、票据发行便利等。

2. 流动性增强型创新工具

这类创新工具的功能是增强金融资产和金融工具的流动性，使本来无法流动的资产变成可转让的资产，从而大大提高其流动性。这类创新工具除前面提到的证券化的资产、可转让贷款合同、票据发行便利外，还有闲置余额投资账户及其他先进管理技术、货币市场互助基金以及其他可流通的货币市场工具等。

3. 引致信用型创新工具

这类创新工具的功能是能帮助使用者增加进入某些信贷市场的机会，从而提高其获得信用的能力。这类工具或利用现有资产获得新的融资能力，或直接提供新的贷款来源，或通过互换间接提供这种来源。这类创新工具主要有零息债券、垃圾债券、股权参与性融资、住宅股权贷款等。

4. 引致股权型创新工具

这类创新工具的功能是对债务性质的资产给予股权特征的效果。这类创新工具数量较少，典型的工具是债务——股权互换和受托可转换债券。

国际清算银行还认为，在众多的创新金融工具中，最主要的创新金融工具只有四种形式：互换、期权、票据发行便利和远期利率协议。随着时间的推移和实际金融交易活动中各种特殊需要，可以有许多不同的创新形式以及它们与其他金融工具相互组合而形成的新的金融工具形式。

(四) 金融制度的创新

1. 分业经营制度向混业经营制度的转变

在世界各国的银行体系中有两种不同的银行制度，即以德国为代表的“全能银行制”和以美国为代表的“分业银行制”。这主要是在商业银行业务和投资银行业务的合并与分离问题上的区别。自20世纪80年代以来，随着金融自由化浪潮的不断升级，这一相互之间不越雷池一步的管理制度已经发生改变，美国于1999年底废除了对银行业经营严格限制60多年的《斯蒂格尔法案》，允许商业银行合业经营。目前，世界上大多数商业银行的上述两个传统特征和分业界限已逐渐消失，商业银行的经营范围正不断扩大，世界上著名的大银行已经成为“百货公司”式的全能银行，从其发展动向看，商业银行全能化、综合化已经成为一种必然趋势。

2. 金融机构实行统一管理的制度逐渐形成

由于商业银行具有信用创造的特殊功能，因此，世界上的大多数国家都对商业银行实行了比非银行金融机构更为严格的管理制度。如对其市场准入的限制、活期存款不得支付利息的限制、存款最高利率的限制、不同存款准备金率的差别限制等。在金融业不断发展的过程中，非银行金融机构正是看准了这一制度的薄弱之处，进行了大胆创新与发展，使非银行金融机构的种类、规模、数量、业务范围与形式等迅速发展，商业银行在新的市场竞争中处于明显的劣势。鉴于经济环境、市场条件所发生的巨大变化，各国政府都不同程度地缩小了对两类金融机构在管理上的差别，商业银行与非银行金融机构在市场竞争中的地位趋于平等。

第二节　金融创新的影响

一、金融创新的影响概括

金融创新使得对货币的定义和货币层次的划分更加复杂，同时对货币流通速度也产生了较大的影响。从货币乘数和货币流通速度的反向关系对传统的货币乘数进行修正，从而可以得出：金融创新使货币流通速度降低。同时通过近年来中国货币流通速度和货币乘数的实证检验，上述结论基本成立。下面从修正的货币乘数角度，分析金融创新对货币流通速度的影响：

二、货币流通速度的模型

(一) 交易型的货币数量模型

原始货币数量论认为，经济中货币需求量与所需满足的商品交易量成正比，用公式表示就是费雪的货币交易方程：MV=PQ。

其中M为货币数量，V为货币流通速度，P为商品价格，Q为商品交易量，PQ乘积即为某一时期内的商品交易额。可见，货币流通速度最早的定义乃是指年度内单位货币被使用的平均次数，因而又被称为货币交易流通速度。

(二) 收入型货币数量模型

20世纪60年代到70年代，以弗里德曼为首的货币主义学派发展了货币数量论，新的货币数量论方程式如下：MV=PY，其中PY指名义货币收入，伴随这一转变货币流通速度亦有了新的含义：一定时期内单位货币周转（这里所指的周转包括再生产的全过程）的平均次数。因而又被称为货币收入流通速度。

从上述模型可以看出，二者在原理上基本统一，它们的区别主要在于前者是源于货币作为交易手段的职能来解释货币流通速度：而后者则是从货币储藏手段（永久性收入）的职能来解释。根据货币均衡理论，货币市场均衡的条件为MS=MD，所以货币的流通速度V和货币的供给量具有直接的关系，众所周知，M_2是由M_1和准货币（M_2-M_1）构成的，其中M对应货币的交易职能，准货币对应货币的贮藏职能。把二者加以综合可以得出货币流通速度的一般公式为：$M_2V=GDP$。

三、金融创新对货币流通速度的影响

(一) 金融创新对货币定义和货币划分的影响

从整个货币发展的里程来看，一般认为货币经历了朴素的商品货币阶段、贵金属货币阶段、代用符号货币阶段、电子货币阶段四个阶段。各阶段就其作为货币的价值与本身所包含的价值而言，具有实物货币、金属货币、信用货币、电子货币、数字货币等多种形式（其中数字现金是电子货币发展的较高阶段形式〉。金融创新的日新月异使得理论界对货币的定义变得日益困难。货币到底是什么？传统的货币定义认为货币是为广大公众所普遍接受的一般等价物的特殊商品。马克思和一些当代主流经济学家均认为“货币是一种社会关系”；而米尔顿·弗里德曼和新凯恩斯主义的经济学家、哈佛大学的年轻教授曼昆却认为：“货币是经济中人们经常用于购买其他人的物品与劳务的一组资产”；社会学家西美尔则把货币视作为“一切价值的公分母”“价值的现金化”“货币是人与人之间交换活动的物化，是一种纯粹功能的具体化”。在围绕着理解和把握货币到底是什么这一问题上，经济学家和社会学家们被长期困扰，特别是金融创新使货币的外延越来越广泛，致使对货币的界定越发复杂。

金融创新，特别是大量金融业务创新后，涌现了许多新型账户，这些账户的出现使传统货币供给层次划分出现混乱，如NOW、ATS、MMDA等新型账户都具有开具支票的功能，类似于活期存款，理应划入M_1，但这些账户余额又大部分放在投资性储蓄账户内，实际上它应属于M_2。由于类似的金融创新，各国对货币供给层次的划分不断进行修改。尽管频繁修改，但金融创新带来的难题仍未完全解决，如电子账户、多功能信用卡和网络支付账户等对应的货币层次，各国中央银行目前尚无明确答案。所以，金融创新使得对于货币的定义和货币层次划分更加难以界定，从而直接影响到货币流通速度的分析与测定。

(二) 货币流通速度和货币来数的关系

货币乘数是指在基础货币（高能货币）基础上货币供给量通过商业银行的创造存款货币功能产生派生存款的作用产生的信用扩张倍数。在一定的名义 GDP 下，货币乘数 B 和货币流通速度 V 之间存在反比关系，即在一定的产出水平下，货币流通速度增大，则货币乘数减少；反之亦然。所以要分析金融创新对货币流通速度的影响，只要找出影响货币乘数的因素，就可以得出相应的结论。

(三) 从修正的货币乘数来看金融创新对货币流通速度的影响

金融创新对货币的定义和货币层次的划分产生了深刻的影响，随着金融工具种类的不断丰富，无论是流通中的现金还是各类存款等流动性不同的货币供给都发生了较大的变化。金融创新对货币乘数的各种影响因素的影响变化如下。

1. 对现金的影响

随着电子技术的日益成熟，电子货币的发展将会成为货币的主流。经济体之间的借贷、消费、转账等将无一不是通过网络进行结算，支票和现金结算将逐步减少。特别是数字现金是在银行存款转移支付工具的逐渐深化和对现金通货的逐渐挤占的基础上发展起来的电子货币的高级发育形态，是货币经历实物货币、贵金属货币、代用符号货币（纸币）等各种发育阶段类型的电子货币不断发展和演化的产物，具有良好的匿名性、无限的分割性、真实的价值性、快捷便利和可交换性等一系列的优点，可以推知，数字现金对货币形态演化的这种影响趋势将使数字现金不断挤占现金通货纸币和存款通货的某些形态而逐渐成为未来数字货币时代最主要的流通货币形式之一，它是现金纸币通货和非款通货的最佳替代者，因此，从其问世以来便迅速挤占现金和存款通货中数字现金前期各种发育形态的电子货币的位置，并且后来居上。不难推知，随着数字经济对整体经济增长贡献率的提高，实体经济对现行的现金纸币通货的需求将因数字现金的逐渐挤占而大幅缩减至少量存在，数字现金则会广为流行，而结算性临时存款通货的大部分将逐步转化为数字现金形态，小部分仍将以卡型电子货币形态和非款转账型电子货币形态存在，但也将逐渐向数字现金形态转化。

2. 金融创新对货币层次和货币乘数的影响

金融创新使传统货币层次的划分变得越来越模糊，各种货币之间转变的交易成本越来越低，而且货币层次越来越多，如 NOW 账户、ATS 账户等。特别在西方国家金融市场，由于金融产品不断创新，日益增多，不同流动性的金融创新产品在不同程度上充当了商品交换的媒介，成为了事实上的货币。这样一来，货币的供应规模量不断扩大。这里可以引入一个金融创新下的可以充当货币媒介的可替代性金融资产的一个量，即在货币供应量上加入一个量 Mc，所以金融创新下货币供应量为：

$$M=C+Dr+Dt+Ce+Mc$$

金融创新对货币流温速度的影响可以从不同的方面得到解释，其中现金漏损率的降低、替代性金融资产的比例增大和超额准备率的下降都使货币的流通速度降低，而数字现金占活期存款比例则会使货币的流通速度加快。总体来说，由于数字现金和活期存款的流动性都比较强，所以在一定时期内产生较大的相互替代可能性不大（但是从长远来看 Ce 还是增大的），所以要考察在一定时期内货币的流通速度或者货币乘数发生变换总体趋势是：金融创新使货币乘数增大，流通速度下降。

四、中国货币流通速度和货币乘数变化的实证检验

中国金融创新起步较晚，所以金融创新的水平相对于西方国家来说远处于较低的水平。但是近年来随着中国金融体制改革步伐的加快，金融创新也获得了阶段性发展。特别是电子技术的应用带来的技术创新以及金融体制改革方面的制度创新都取得了较大成果。现阶段金融产品更加丰富，金融的市场化改革步伐越来越快。这些举措无疑都会对中国的货币流通速度产生一定的影响。从检验的数据来看，中国近年来货币的流通速度和货币乘数呈反向关系，基本符合理论上成立的关系；同时，检验结果基本满足金融创新发展的趋势，特别是近年来金融创新的步伐加快，货币流通速度和货币乘数变化的速度加快。

第三节　金融创新的挑战

金融创新存在危机和风险，其中道德风险是风险的重要组成部分，从某种意义上来看，道德风险的存在和失控是金融创新的“毒药”。金融创新的道德风险就是金融机构及其从事金融领域工作的精英们为追求自身利益的最大化使创新脱离了道德的轨迹，造成了道德危机，进而危害投资人和金融机构的利益。近年来，由于追求竞争优势和高额利益，西方国家出现了放宽金融管制与倡导金融领域的自由化经营的倾向，如允许各金融机构业务交叉，放松对本国居民和外国居民在投资方面的诸多限制，货币政策宽松、资产证券化和金融衍生产品得到了无节制的发展等，使道德风险不断积聚，最后导致危机的爆发。具体而言，金融创新的道德风险主要包括以下几个方面。

一、金融创新以规避制度监管为目的，使道德风险失去了有效的制度控制

道德风险首先源自制度管制缺失的风险。按照制度经济学的观点，人是制度化的人，没有好的制度环境，好人也会变为坏人。金融创新的原动力之一就是可以通过创新以突破旧体制的限制。按照凯恩（J.Kane）的规避型金融创新理论，金融创新就是回避各种金融控制和管理的行为。也就是说，当外在市场力量和市场机制与机构内在要求相结合以规避各种金融控制和规章制度时就产生了金融创新行为。凯恩认为，许多形式的政府管制与控制实质上等于隐含的税收，阻碍了金融业从事已有的营利性活动和利用管制以外的利润机会，因此，金融机构会通过创新来逃避政府的管制。在他看来，金融创新与金融监管是相互博弈均衡的过程。综观数次美国金融危机，根源之一在于现有金融机构通过金融创新，形成了一个完全不同于传统金融体系的“影子银行”体系。其核心是通过一系列金融产品、金融工具、金融市场的创新，突破既有的金融监管体系，以便在这种无监管金融交易中获得最大利润。

对金融监管的规避使败德现象时有发生。例如，利用监管制度的滞后性以及法律的“真空地带”，滥用金融创新或恶意金融创新：利用金融机构的特殊性，对公众不公开有关金融产品的信息，导致由于信息不对称产生的道德风险等。由于监管制度的不完善，使得金融创新行为乃至不道德行为合法化，从而变相鼓励了某些不道德的金融创新行为。

此外，从金融监管的形式以及金融监管失效的原因来看，由政府主导的监管尤有不足之处，它不可能从微观层面来监督和解决所有的问题，法律监管和道德监管就显得尤为重要。美国金融监管机制一直被视为全球的典范，但事实证明并非完美无缺。

美国自 1929 年金融危机以来先后经历了自由放任、加强管制、金融创新、加强监管、放松监管等多次转折，最终还是发生了危机，这与道德机制监督的缺失不无关系。

二、金融创新引发的金融风险转移，致使投资者承担了道德风险的后果

创新是对未知世界的探求，其根本特征是不确定性和风险性。然而，创新同时又能抵御一定的风险，金融创新的原动力之一是规避金融风险，金融创新的特点是将诸多风险以不同的组合方式再包装，相对于传统金融业务，这种方式更加复杂。它对单个经济主体提供风险保护的同时却将风险转移到了其他更多的经济主体上，

如果经济主体都想转移同一方向的风险时，风险就会集中爆发，给金融体系造成严重危害。

为何以规避风险为目的的金融创新会使风险毫无限制地产生？答案就是把风险扔给别人。对于金融创新者而言，他们非常清楚并懂得风险的含义，而当他们自己的风险较小或风险能够转移时，为了欲望和贪婪，他们会制造风险，除非他们是有道德的人，或者是受制度约束的人。金融市场的扩大和繁荣靠投资者的数量，金融机构为取得更大的利益、规避投资风险，通过金融创新吸引更多的投资者参与市场，同时也使金融机构的风险转移到投资人身上，致使投资人的利益受到损害。

对于投资人而言，他们的投资行为也是受利益所驱使的。他们能接受金融创新并承受道德风险源于对投资收益的预期，在此前提下，投资者为了获取更高的收益愿意承担风险。当无论金融创新的主体还是高风险倾向的投资者都追求收益最大化时，就出现了共振和同向效应，这使得金融创新发起者的金融风险的转移成为可能。

三、金融创新打破了原有的信用体系，使道德风险的防范体系更加脆弱

金融创新导致了银行信用体系的风险。信用风险是交易对方无法履约偿还借款而造成的损失，这既包括金融机构又包括投资者。金融机构既要有信用，又要追求效益和利益，二者要有平衡，如果追求效益和利益的动机占了上风，就会出现信用危机和道德危机。

制度经济学家凡勃伦提出了金融机构的内在脆弱理论，该理论认为商业银行要发挥作为金融中介的作用必须满足以下两个条件：(1) 储蓄者任何时候都可以提款，对银行充满信心；(2) 银行能够在众多的项目中筛选出效益较好的项目。也就是说，银行首先要有信用，其次要能提供给投资者盈利的产品。这说明，银行从产生之日起就是与信用紧密相连的，信用是其安身立命之本，而金融产品创新则是银行业竞争的结果，为了吸引更多的资金银行在监管无效的情况下从事高风险行业，创造出令人眼花缭乱的金融创新产品，由于创新产品的复杂性、链条的间接性、预期的不确定性以及信息的不对称性，导致了信用的脆弱性和无效性。

美国次贷危机中通过加大融资链条稀释信用度的做法就是例证。次贷危机的起因是资产证券化产品，它们是以商业银行传统的信贷资产作为基础资产的，而证券化之后，其影响范围却远远超过了传统的商业银行领域。金融创新使得各种金融机构原有的分工限制日益模糊、交叉，职责难以区分和控制，不受旧的信用体系的约束，大量开展投机业务，以增加利益来源。这些投机行为有很多从传统信用体系评

价来看是不正当的。

金融创新还改变了原有的信用承诺体系，使信用度降低，这种创新模式没有保证投资者在分配中获益，失去了应有的承诺和保障，导致投资者的利益在无形中受到损害。

在美国次贷危机中，传统存贷业务比重较大的商业银行受到的影响较小，而主要从事资产管理、证券业务的投资银行影响较大，一个重要原因在于投资银行的高负债率和高杠杆交易比率的金融衍生产品，而它们的信用担保是比较脆弱的。

第三章

贸易金融形成与发展的理论基础

贸易金融作为金融业向纵深发展的特定产物，其产生具有一定的理论基础，并且其发展过程也必然受到一定理论的指引。

第一节　社会分工理论

古今中外的许多学者都对社会分工产生的原因、社会分工的作用等问题进行了探讨。

一、中国古代的社会分工思想

管仲（公元前 719 ~ 公元前 645 年）就提出一个职业划分理论，将人们按职业划分为士、农、工、商四种。“士”即奴隶主阶层的下层，“农”主要是指从事农业的平民和奴隶，“工”即官府控制下的手工业奴隶。“商”包括商人，以及商人与官府控制下的奴隶。曾子主张让商人与同业者住在一起，禁止他们互相杂居，并且要求各业子孙世代继承祖业，不得随意改变自己的职业。这种做法可以使从业人员互相切磋技艺，有利于交流生产经验，对于提高生产技术和劳动生产率有重要意义。

荀子对分工的必要性阐发得更加明确具体。他认为，任何人都不可能兼长各种技能，一个人如同社会隔绝，就会无法生活下去。因此，生活在社会上并不需要“能遍能人之所能”“能遍知人之所知”（《荀子 · 儒效》），而应当致力于一种工作，精通一项技能，“习其事而固”（《君道》），这样才能取得成效。他指出分工能提高产品质量。他还说“君子以德，小人以力，力者德之役也”（《富国》），认为脑力劳动具有组织体力劳动以从事财富生产的属性，将孟子劳心劳力的观点进一步深化。

在荀子之后，司马迁也提出了社会分工理论。他把人们按职业分为农、虞、工、商四类，而且在社会分工的形成原因与协调机制，以及社会分工的意义等方面有所发展。他提出了以下观点：

一是社会分工受市场上经济规律的自然调节。由于社会分工，人们互通有无的市场交易行为“若水之趋下”，这“岂非道之所符，而自然之验邪?”这里的“道”“自然”，无疑是指市场上的经济规律，特别是“贱之征贵、贵之征贱”的价值规律的作用。自然的经济规律将因为分工而分化的人群整合起来，并协调人们的经济行为。

二是社会分工的深化与拓展将增加社会财富。在司马迁看来，在社会分工中，人们为了"得所欲"，必然"任其能、竭其力"。分工必然导致专业化，专业化则使人的能力和适应性得以发挥和发展，大大提高劳动效率。

二、西方古代的社会分工思想

色诺芬和柏拉图是西方古代社会分工理论的主要代表人物。色诺芬分工思想中最有智慧的可能是他对"分工受市场范围限制"的认识。从波斯国王宴席中，色诺芬看到了分工对提高效率和改善质量的作用，还看到了市场范围对分工程度的影响。他说，波斯国王宴会上的食物丰盛，质量上乘，"这是毫不奇怪的，因为如同其他手艺在大城市里特别完善一样，国王的食物也是特别精美的。在小城市里，同一个人要制造床、门、犁、桌子；有时还要造房子，如果他能找到使他足以维持生活的主顾，他就很满意了。一个从事这么多种工作的人，是绝不可能把一切都做好的。但在大城市里，每一个人都能找到许多买者，只从事一种手艺就足以维持生活。有时甚至不必从事整个手艺，一个人做男鞋，另一个人做女鞋。有时一个人只靠缝鞋为生，另一个人只靠切鞋底为生；有的只裁衣，有的只缝纫。从事最简单工作的人，无疑能最出色地完成这项工作，这是必然的。烹调的手艺也是这样。"

柏拉图认为，每个人的需求是多方面的，"但我们的人既非兼才，亦非多才，每个人只能做一件事情。""一个人不可能擅长许多种技艺"，因为每个人"不是生下来都一样的，个人的性格不同，适合于不同的工作"；因此"每一个人不能单靠自己达到自足"，需要社会分工，实行互助。"每个人为了各种需要，招来各种各样的人。由于需要许多东西，我们邀请许多人住在一起，作为伙伴和助手。"对于分工的产生的效益，柏拉图认为，"一个人单搞一种手艺好"，"只要每个人在恰当的时候干适合他性格的工作，放弃其他事情，这样就会每种东西生产得又多又好。"

柏拉图根据其分工理论，将理想社会公民分为三个等级，第一等级是护国者，即治国者是具有美德与智慧的哲学家，专门研究学问制定法律、治理国家与教育后代。第二等级是辅助者，即卫国者，他们是保家卫国的战士，平时强身健体，战时为国效力。以上两个等级构成治阶级，他们不从事经济活动，生活资料由第三等级供给。第三等级是农民、手工业者、商人等即供养者，他们构成被统治阶级。他们没有智慧不具有参政的能力，专门从事卑贱的生产与交等经济活动，并为第一、第二等级提供生活资料。

三、亚当·斯密的社会分工理论

1776年3月，亚当·斯密的《国富论》中第一次提出了劳动分工的观点，并系统全面地阐述了劳动分工对提高劳动生产率和增进国民财富的巨大作用。

(一) 分工的起因

斯密认为，分工最初是从人们的交换倾向中产生的。斯密说："分工有如此多的好处，但它最初却不是任何人类智慧预见到，并想要得到分工所能带来的普遍赋予的结果。它是人性中某种倾向的必然结果，虽然这种倾向是非常缓慢和逐渐发展起来的，这是一种没有强烈的功利色彩、物物交换、以货易货和用一种东西换另一种东西的倾向。""就像通过契约、交易和购买我们彼此能获得我们需要的绝大部分帮助那样，分工最初也是从这种相同的交换倾向中产生的。在一个狩猎或游牧部落中，一个特定的人，例如，他比任何其他人能更快、更熟练地制造弓箭，他就制造弓箭。他频繁地用弓箭和他的同伴交换牲畜和鹿肉。他最终发现，他用这种方式得到的牲畜和鹿肉，比他自己到野地里捕捉的还多。因此，出于对他自身利益的关切，制造弓箭成了他的主要营生，他成为一种专门制造武器的人。"但同时，斯密也指出，不同的人在天赋才能上的差异，实际上比我们想象到的要少得多。"成年人从事不同职业所表现出来的非常不同的才能，在许多场合，与其说是分工的原因，不如说是分工的结果。"

(二) 分工对提高劳动生产率的作用

亚当·斯密（1776）在《国富论》中提出，"劳动生产力上最大的增进，以及运用劳动时所表现的更大的熟练、技巧和判断力，似乎都是分工的结果"，并认为分工与专业化的发展是经济增长的源泉。斯密借用了法国大百科全书的说法，认为分工有三大好处：第一，劳动者的技巧因业专而日进。"分工实施的结果，各劳动者的业务，既然终生局限于一种单纯操作，当然能够大大增进自己的熟练程度。"第二，由一种工作转到另一种工作，通常要损失不少时间，有了分工，就可以免除这种损失。"一个人不可能很快地从一种工作转到使用完全不相同工具而且在不同地方进行的另一种工作。人由一种工作转到另一种工作时，通常要闲逛一会儿。"第三，许多简化劳动和缩减劳动的机械的发明，使一个人能够做许多人的工作，其源于分工。"简化劳动和节省劳动的那些机械的发明，看来也是起因于分工。人类把注意力集中在单一事物上，比把注意力分散在许多种事物上，更能发现达到目标的更简易更便利的方法。分工的结果，各个人的全部注意力自然会倾注在一种简单事物上。所以只要工作性质上还有改良的余地，各个劳动部门所雇的劳动者中，不久自会有人发现一些比较容易而便利的方法，来完成他们各自的工作。"正是因为分工能够增进劳动生产力，所以，斯密认为分工有利于促进社会的普遍富裕。他认为，"在一个政治修明的社会里，造成普及到最下层人民的那种普遍富裕情况的，是各行各业的产品由于分工而大增。……别人所需要的物品，他能以充分的供给；他自身所需要的，别人亦能与以充分供给。于是，社会各阶层普遍富裕。”

四、马克思的社会分工理论

(一) 社会分工的产生及性质

马克思在吸取斯密关于分工原因的合理成分基础上提出了自己的分工理论。马克思指出：“分工起初只是性行为方面的分工，后来由于天赋（例如体力）、需要、偶然性等才自发地或‘自然形成’分工。”分工是人们这生产实践中逐步形成的，是生产力发展的必然结果和产物，是分工引起交换，而不是相反。

分工只有人的生理前提是不够的，还必须有生产力的发展，“生产工具的积聚和分工是彼此不可分割的。”按马克思的理解，分工与生产力是一种互为因果的逻辑关系，“一个民族的生产力发展水平明显表现于该民族分工的发展程度。任何新的生产力，只要它还不是迄今已知的生产力单纯的量的扩大（例如，开垦土地），都会引起分工的进一步发展。”随着分工与生产力的交互发展，“分工的自然形成的性质”逐渐为分工的社会性质所取代。同样，分工是商品生产存在的条件，但也不能反过来说商品生产是分工存在的条件。有分工必然有人们劳动能力的交换。

(二) 分工的辩证运动

马克思依据历史发展的逻辑将分工划分为若干阶段，并考察了分工的辩证运动过程。按分工发展所代表不同阶段的所有制，马克思将其分为四个时期：部落所有制、公社所有制和国家所有制、封建所有制及资本所有制。在部落所有制中，“分工还很不发达，仅限于家庭中现有的自然形成的分工的进一步扩大”，分工已包含了矛盾，产生了“单个人的利益或单个家庭的利益与所有互相交往的个人的共同利益之间的矛盾”。在公社所有制和国家所有制下，“分工已比较发达，城乡之间的对立已经产生。”农村与城市的分工是物质劳动和精神劳动的最大的一次分工，因为其第一次使阶级关系明朗化了。在封建所有制下，分工继续发展，一方面，“在乡村里有王公、贵族、僧侣和农民的划分，在城市里有师傅、帮工、学徒以及后来的平民短工的划分”；另一方面，人类历史的又一次大分工：工业与商业的分工也出现了，“在比较老的城市中，工业和商业早就分工了”作为结果，“分工的进一步扩大是生产和交往的分离，是商人这一特殊阶级的形成”，商人阶级的出现又进一步促进了分工的进一步发展。在资本主义制度下，由于机器的发明和应用加剧了社会内部的分工，封建所有制下的作坊内部工人的职能大大简化，分工“集结了资本，使人进一步被分割”。由于分工的递进效应，分工又引起进一步的分工，“分工更细了，使用机器的数量更多了，利用这种分工的范围和采用这些机器的规模更大了。”

(三) 分工的作用

马克思看到了分工能促进生产力的发展，促进劳动专业化和技术专门化，能节约劳动时间，提高劳动生产力。马克思认为分工提高生产力的原因在于，分工组织产生的协作力，工场手工业分工通过手工业活动的分解，劳动工具的专门化，局部工人的形成以及局部工人在一个总机构中的分组和结合，造成了社会生产过程的质的划分和量的比例，从而创立了社会劳动的一定组织，这样就同时发展了新的、社会的劳动生产力。通过协作提高了个人的劳动生产力，这种生产力本身就是集体力。马克思同时也看到了分工的消极作用，其主要表现：第一，分工是劳动异化和劳动产品不平等分配的真实原因，也是所有制产生和发展的现实根源。马克思在谈到物质劳动和精神劳动的真正分工时指出：“与这种分工同时出现的还有分配，而且是劳动及其产品的不平等的分配（无论在数量上或质量上），因而产生了私有制。”“其实分工和私有制表达的是同一件事情，一个是就活动而言，另一个是就活动的产品而言。”“只要分工还不是出于自愿，而是自然形成的，那么人本身的活动对人来说就是一种异己的，同他对立的力量压迫着人，而不是人驾驭着这种力量。”第二，分工造成了人的畸形化、片面化发展。分工使个人的社会活动表现为谋生性、固定性和利益对抗性的特征，导致了个人的片面化、畸形化的发展，造成了人与人之间的社会关系的物役性存在。马克思认为要消灭这种分工造成的劳动异化现象，必须消灭产生自发分工的条件，从而让自觉分工来取代自发分工。

五、马歇尔的分工理论

马歇尔对劳动分工促进经济增长的机制也进行了深入分析。他以代表性企业为对象，从外部经济和内部经济两个方面，在工业布局、企业规模生产、企业经营职能三个层次的工业组织形式上分析了分工的积极作用。他把生产要素分为土地、劳动、资本和组织，认为自然也就是土地在生产上所起的作用表现出报酬递减的倾向，而人类的作用即劳动、资本和组织的作用则表现出报酬递增的倾向。报酬递增或递减或不变取决于人类作用与自然作用的比较。在人类作用中，他又特别重视组织对报酬递增的积极意义，也就是分工的作用。例如，专门工业集中于特定地方，通过行业秘密公开化、技术与组织发明、新思想的激荡、高价机器在众多企业的有效使用、辅助行业的发展、熟练和技术工人市场的形成，以及职业多元化，就可以产生外部经济进而获得报酬递增；企业大规模生产通过“技术的经济”“机器的经济”“原料的经济”产生内部经济，进而获得报酬递增；私人合伙企业、股份公司、合作社等组织对职能分工的发展有利于企业家的形成，分散经营风险，保持企业生命力的可持续性。

六、现代社会分工理论

(一) 杨格的社会分工理论

杨格的分工思想主要体现在《报酬递增与经济进步》一文中。亚当·斯密从生产者的角度说明了报酬递增产生的过程，并提出了劳动分工受市场范围限制定理，即生产力的劳动分工是财富增长的主要原因，而新的劳动分工取决于市场的扩大。两者结合起来形成了凭借持续引进新的分工而自我维持的增长理论。

阿林·杨格在斯密劳动分工思想的基础上提出了迂回生产和社会收益递增概念。杨格认为最重要的分工形式是生产迂回程度的加强及新行业的出现。他指出，分工使一组复杂的过程转化为相继完成的简单过程，其中某些过程终于导致机器的采用。在使用机器，采用间接过程时，分工进一步发展了，后者从经济角度看又受到市场范围的限制。为敲打一个铁钉而制造一把铁锤是浪费的，还不如使用手边任何笨拙的工具。杨格强调了两点：第一，表现为报酬递增的主要经济是生产的资本化或迂回方法的经济，这些经济又主要与现代形式的劳动分工的经济相等同。第二点，迂回方法的经济，比其他形式的劳动分工的经济更多地取决于市场的规模。因此，产业的分化现在和将来仍然是与生产增长相联系的典型。例如，早期印刷者的继承者今天不只是拥有某一企业的印刷者，而且也包括木浆的生产者、各种纸张的生产者、油墨及其不同配料的生产者、字模金属和字模的生产者，制作插图和掌握各种制版技术的产业集团，印刷业及其辅助工业所需工具和机器的制造者。在大部分工业领域中，在原料生产者和最终产品消费者之间所插入的专业化企业的网络越来越复杂。随着产业间劳动分工的扩大，一个企业与它作为部分构成的产业失去了其统一性。这个企业内部经济分解成为专业化程度更高的各个企业的内部经济和外部经济，这种分解是对工业最终产品市场的增长所创造的新形势的调整，因而，产业间的分工是报酬递增的媒介。

总之，对于分工问题，杨格的结论是："首先，通过观察个别产业和个别企业的规模变化效应，是弄不清楚报酬递增机制的，因为产业的不断分工和专业化是报酬递增得以实现过程中一个基本组成部分，必须把产业经营看作是相互联系的整体。其次，报酬递增取决于劳动分工的发展，现代形式的劳动分工的主要经济，是以迂回或间接方式使用劳动所取得的经济。接着，劳动分工取决于市场规模，而市场规模又取决于劳动分工。经济进步的可能性就存在于上述条件中，人们除了从获取新知识取得进步外，也有取得这种经济进步的可能性，不论他们所追求的是经济利益或非经济的利益。”

(二) 杨小凯的分工理论

杨小凯继承并发展了斯密和杨格的分工思想，将消费者与生产者、专业化和交易费用结合起来，并用专业化经济与分工所需的合作可靠性之间的两难冲突重新解释了许多微观、宏观经济现象。

(1) 企业分工和社会分工的形成机制。在杨小凯看来，在一定的专业化水平与资源约束条件下，交易效率 (及其背后的影响因素) 直接影响着真实收入水平 (杨氏用效用函数表示)，进而导致社会分工、产权安排、产业分化进程甚至整个国民经济的运行与发展。企业内部的分工关系，即便存在着权威的不对称，也丝毫不妨碍各微观经济主体追求自身效用的最大化。这是因为，权威关系的不对称只不过影响交易效率 (杨氏往往用“k”表示，对应不同的交易费用水平)，以及与交易效率密切关联的效用函数甚至可能的约束条件序列，但无论身处何种生产或交易地位，微观经济主体均可基于其特定的效用函数与特定约束条件追求并实现最大化，并在此过程中实现企业内部分工。不仅如此，与企业分工的形成或均衡逻辑类似，社会分工、产权安排、社会经济结构乃至国民经济的增长与发展均是微观经济主体谋求真实收入水平最大化的理性结果，其中各外生变量及其所对应的分工模式、产权安排、社会经济结构等的初始状态对交易效率的影响，乃至对微观基础的构造相对而言更具关键意义，直接影响着社会分工、产权安排，乃至国民经济运行与发展等的最终表现 (或绩效)。杨小凯还认为，“如果投资不是用来发展适当的分工模式和提高分工水平的话，则投资并不能自动地提高未来的生产力。因此，围绕资本概念的关键问题并不在于我们投资多少，而是什么样的分工水平和模式被用于机器、教育以及研究的投资上。”

(2) 分工对经济发展的作用。从信息理论看，分工是一种信息不对称。杨小凯等人认为，在分工社会中，专门从事某一生产的人只管钻研自己有关的生产技术，而不必去过问别的知识。由于人的精力有限，他可以不问其他而专门创造并积累自己的生产知识。当社会内每一个人都如此做的时候，整个社会所掌握的生产技术可以成亿倍地扩大。然而这种信息不对称也造成了另一不利条件，即买方不知道产品的真实成本。这种信息不对称产生了投机行为的机会，而且分工越是发达，此种机会越多。只有卖方之间的竞争才能纠正信息不对称造成的危害。分工发达的结果是交易次数增加，而交易是有成本的，所以分工不会无穷细分，它停止在分工的边际收益等于交易的边际成本的那个分工程度上。当新的经济制度出现并能降低交易费用时，分工将进一步细化，这是经济发展的重要原因。杨小凯指出制度变化才是经济发展的动力，而制度改变的方向是节约交易成本。这一结论符合近一两百年来各国经济能够发展或长期停滞的历史经验。杨小凯还指出，积累的资金既可用于购置设备改进生产技术，也可用于支付交易费用，试探新的制度安排。当社会进入到一种制度，其中分工利益的增量大于交易费用的增量时，分工有正反馈作用，于是发生经济起飞。这种解释显然超越了传统微观经济学的范围，它强调了现存的制度不是外在且事先给定的，而是节约交易费用扩大分工利益的发展过程中制度深化达到的某一阶段。分工和规模经济会发生冲突，因为分工越细会导致规模缩小。要兼得二者之利，最主要的方法是扩大市场，这就是现代国际贸易迅速扩大的原因。传统的国际贸易比较利益理论，把比较利益建立在自然资源禀赋和要素价格的差别上。分工理论则论证了国际贸易由于扩大了产品市场，可使分工进一步细分，从而使生产率和产品种类同时增加。

古今中外的学者们的分工思想虽然不尽相同，但他们都认识到了分工对社会生产发展的重要作用。贸易金融就是社会分工发展到一定阶段的产物，其产生也将促进社会分工的进一步发展以及全社会经济效率的提高。

第二节　交易费用理论

所谓交易费用是指企业用于寻找交易对象、订立合同、执行交易、洽谈交易、监督交易等方面的费用与支出，主要由搜索成本、谈判成本、签约成本与监督成本构成。

一、科斯的交易费用理论

1937年，著名经济学家罗纳德·科斯（Ronald.H.Coase）在《企业的性质》一文中首次提出交易费用理论，该理论认为，企业和市场是两种可以相互替代的资源配置机制，由于存在有限理性、机会主义、不确定性与小数目条件使得市场交易费用高昂，为节约交易费用，企业作为代替市场的新型交易形式应运而生。交易费用决定了企业的存在，企业采取不同的组织方式最终目的也是为了节约交易费用。

罗纳德·科斯指出，市场和企业都是两种不同的组织劳动分工的方式（即两种不同的“交易”方式），企业产生的原因是企业组织劳动分工的交易费用低于市场组织劳动分工的费用。一方面，企业作为一种交易形式，可以把若干个生产要素的所有者和产品的所有者组成一个单位参加市场交易，从而减少了交易者的数目和交易中摩擦，因而降低了交易成本；另一方面，在企业之内，市场交易被取消，伴随着市场交易的复杂结构被企业家所替代，企业家指挥生产，因此，企业替代了市场。由此可见，无论是企业内部交易还是市场交易，都存在着不同的交易费用。而企业替代市场，是因为通过企业交易而形成的交易费用比通过市场交易而形成的交易费用低。科斯的交易费用理论可以总结为五点：一是市场和企业虽可相互替代，却是不相同的交易机制，因而企业可以取代市场实现交易。二是企业取代市场实现交易有可能减少交易的费用。三是市场交易费用的存在决定了企业的存在。四是企业“内化”市场交易的同时产生额外的管理费用。当管理费用的增加与市场交易费用节省的数量相当时，企业的边界趋于平衡(不再增长扩大)。五是现代交易费用理论认为交易费用的存在及企业节省交易费用的努力是资本主义企业结构演变的唯一动力。

二、威廉姆森的交易费用理论

在科斯之后，威廉姆森（Williamson）等许多经济学家又进一步对交易费用理论进行了发展和完善。威廉姆森将所有的经济活动都视为一种交易，所有的交易都是一种契约。由于人的有限理性和机会主义，再加上资产专用性，导致契约是不完全的。为了支持不完全契约，需要将资产专用性、价格和保障措施综合考虑，根据资产专用性、交易频率和不确定性这三个维度将契约分为不同的类型：不存在专用性投资的标准契约，无论交易频繁与否以及不确定程度如何，都属于古典契约，适合通过市场来完成；资产专用性程度较高、交易频率较高、不确定性较高的交易属于某种关系型契约，主要依靠统一治理，通过科层来完成；处于两者之间的属于新古典契约和另一种关系型契约，分别对应于第三方治理和双方治理，通过除市场和科层之外的混合形式来完成。混合形式包括质押、互惠、特许权和管制等。根据交易费用最小化原则，不同性质的交易或契约对应于市场、混合形式或科层这三种不同的治理结构。

20世纪80年代以后，威廉姆森开始用交易费用分析法来分析组织问题，他对组织的分析有一条明显的渐进线索。早期他认为企业作为一种经济组织之所以不能无限扩张，主要是因为科层增加所导致的控制性损失。但在《资本主义经济制度》中，威廉姆森认识到，如果允许企业最高层进行选择性干预，那么控制性损失将不是问题。而选择性干预不可能无限扩大乃至企业规模不可能无限扩大的根本原因，在于企业内部不能像市场那样引入高能激励。同时，真实世界中的组织形式不仅仅是市场和企业，至少还存在混合形式。接着，威廉姆森又引入契约法、适应性和官僚主义成本等维度，后来又增加了对官僚组织的分析，从而更加完善和深入地刻画了“市场—混合形式—科层—官僚组织”这四种资本主义经济中最主要的组织形式。

威廉姆森将交易费用分为事前的交易费用和事后的交易费用。他认为，事前的交易费用是指由于将来的情况不确定，需要事先规定交易各方的权利、责任和义务，在明确这些权利、责任和义务的过程中就要花费成本和代价，而这种成本和代价与交易各方的产权结构的明晰度有关；事后的交易费用是指交易发生以后的成本。威廉姆森还分析了交易费用的影响因素。他认为，交易费用的影响因素主要是环境的不确定性、小数目谈判、组织或人的机会主义，以及信息不对称等，这些因素构成了市场与企业间的转换关系。

三、交易费用理论的新发展

德姆塞茨（1999）将交易费用定义为“所有权权利交换的成本”，他在研究纽约证券交易所股票交易费用时，将之定义为利用纽约股票交易所以便迅速将股票变现所花的费用，广义的交易费用还可以包括给自己的经纪人打电话或阅读金融报刊所花的费用。此外，他还以团队生产中监督劳动的困难来分析交易费用，由于交易费用的存在使得偷懒成为一种现实可能，影响了团队效率。张五常（1989）将交易费用定义为在鲁滨孙经济中不可能存在的所有的各种各样的费用，是一种“制度成本”，他所认定的交易费用主要包括律师、警察、经纪人、企业家、经理、文职人员、佣人等的收入，也就是说，除了那些与物质生产和运输过程直接有关的费用以外，所有可想到的费用都是交易费用。巴泽尔（1997）从产权的界定和保护角度来考察交易费用，他认为权利的获得、保护和转让所需要的费用叫“交易费用”，而产生交易费用的原因在于商品有多种属性，每一种属性都有可变性，这就使人们测量每种属性的费用难以估计，正因如此，他把交易费用定义为界定和保护产权的费用。

综上所述，交易费用的存在决定了企业的存在，企业采取不同的组织方式最终目的也是为了节约交易费用。交易费用理论可以简要描述为关注一个组织如何组织其边界跨度活动，以便使生产和交易的成本之和最小化。贸易金融一个重要功能就是降低企业间的交易费用，贸易金融的发展也需要金融机构自身通过各种组织安排降低交易费用。

第三节　价值链理论

价值链（value chain）是研究竞争优势的有效工具，其理论方法是将企业的业务流程描绘成一个价值增值和价值创造的链式结构，研究如何通过计划、协调、组织和控制各个环节的工作，使各环节在相互联系的基础上同时具有处理物流、资金流和信息流的自我组织能力。价值链理论是哈佛大学商学院教授迈克尔·波特于1985年在《竞争优势》一书中提出。之后，价值链理论获得了很大的发展，在管理会计、市场营销及其他企业管理领域得到泛的应用，并逐渐上升为一种管理方法体系。

一、企业内部价值链理论

波特认为，每一个企业都是由材料采购、生产作业和产品销售等一系列活动的集合，这些活动被称为价值活动。它们是企业创造对买方有价值的产品的基石，可以用价值链的形式表示出来。企业的价值活动又可分为两大类：基本活动和辅助活动。基本活动直接创造价值并将价值传递给顾客，它主要包括材料入库、生产作业、产品出库、市场营销和售后服务。辅助活动为基本活动提供条件并提高基本活动的绩效水平，它不直接创造价值。辅助活动主要包括采购、技术开发、人力资源管理和企业基础设施。其中，采购、技术开发和人力资源管理都与各种具体的基本活动相联系并支持整个价值链，而企业的基础设施并不与各特定的基本活动相联系，但也支持整个价值链。企业的各项价值活动不是一些孤立的活动，它们相互依存形成一个系统，形成一条价值链。价值链的各环节之间相互关联，相互影响。例如，采购预先剪裁好的钢板可以简化生产工序并减少浪费；良好的技术开发有利于增加产品的销售；有序的仓储、车辆调度等入库后勤活动有利于生产作业等等。

通过对企业活动的价值链分析可以看出，企业的价值活动中并不是每一环节都创造价值，实际上，只有某些特定的价值活动才创造价值。这些真正创造价值的活动就是价值链上的战略环节，即形成企业竞争优势的环节。企业要保持竞争优势，就是要保持价值链上这些特定战略环节上的优势。企业对战略环节的控制可以采取许多形式，既可以是控制关键原材料、控制关键人才，也可以是控制关键的销售渠道、关键的市场等。例如，在很多靠特殊技能竞争的行业，如表演业、体育业等，竞争优势通常来自对若干关键人才的控制；在很多靠产品特色竞争的行业，竞争优势往往来自对关键技术或原料配方的垄断；而在高科技产品行业，竞争优势则来自对若干关键生产技术的控制。

二、行业价值链

波特的价值链通常被认为是传统意义上的价值链，它偏重于以单个企业的观点来分析企业的价值活动、企业同供应商和顾客之间的联系，以及企业从中获得的竞争优势。Shank 和 Gowindarajan 于 1992 年所描述的价值链，比波特的范围更广一些。他们认为，“任何企业的价值链都包括从最初的供应商手里得到原材料直到将最终产品送到用户手中的全过程。”这一观点把企业看成是价值生产过程中的一部分。Peter Hines 将波特的价值链重新定义为“集成物料价值的运输线”。Hines 的价值链与传统价值链相比，最主要的差别体现为两者作用的方向相反：Hines 所定义的价值链把顾客对产品的需求作为生产过程的目标和终点，把利润作为满足这一目标的副产品；而波特所定义的价值链只停留于把利润作为主要目标其次，Hines 把材料供应商和顾客纳入价值链，这意味着价值链上的成员在不同的阶段包含不同的成员，这不同于波特的分析，波特的价值链只包含那些与生产行为直接相关或直接影响生产行为的成员。

因此，行业价值链分析是指企业应从行业角度，从战略的高度看待自己与供应商和经销商的关系，寻求利用行业价值链降低成本的方法。行业的这种价值链又叫垂直联结，即代表了企业在行业价值链中与其上下游之间的关系。

改善与行业价值链上下游企业之间的关系，可以降低本企业的生产成本，通常也会使供需双方获益。

对于生产制造企业来说，供应商提供材料和劳务的价格决定了企业的采购成本，经销商的采购价决定了企业的售价。传统的观念就是尽量降低采购成本，提高售价，以达到自己利润的最大化。以这种观念来管理生产必然导致“零和交易”，新时期、新环境下需要的新观念如下：首先，与供应商的交往不是要追求进价最低，增加自己的利润，而是要追求更短的生产周期、更强的市场应变能力、更高的产品质量和更高的存货周转率。其次，企业不是要向经销商出售更多的商品，而是应寻找方式，增加通过经销商出售给顾客的商品数量并使两家公司的利润最大化。

三、虚拟价值链

虚拟价值链（Virtual Value Chain，VVC）的概念最早是由哈佛商学院杰弗里·雷鲍特和约翰·斯维奥克拉在 1995 年提出来的。他们指出，进入信息时代的企业都在两个世界中进行竞争：一个是管理者可以看到、触摸到的由资源组成的物质世界，称之为市场场所；另一个则是由信息所组成的虚拟世界，称之为市场空间。虚拟价值链与实体价值链既有联系，又有区别，主要表现为两个方面：虚拟价值链是实体价值链在市场空间中信息增值过程的反映，因此，虚拟价值链上的每个环节都可以和实体价值链对应起来。在虚拟价值链上，同样存在着五种基本的价值活动所组成的增值链条，与传统价值活动不同的是，虚拟价值链中每个活动都是对信息的加工利用过程。从实体价值链到虚拟价值链，企业存在着一个对不同层次信息进行加工的过程，即实体价值链上每一价值活动的信息都可以通过五个步骤（收集、组织、挑选、合成和分配）的加工过程来构成虚拟价值链上相应的信息增值活动。

四、价值网

Gulatietal（2000）指出，越来越多的企业处于网络组织之中，该网络不仅有供应商、顾客，同时还有竞争对手；维系网络存在的联系跨越产业甚至国界，包括战略联盟、合作伙伴、长期买卖等合作关系。价值网是由客户、供应商、合作企业和它们之间的信息流构成的动态网络。它是由真实的顾客需求所触发，能够快速可靠地对顾客偏好作出反应的一个网状架构。价值网的概念突破了原有价值链的范畴，它从更大的范围内根据顾客需求来组成一个由各个相互协作企业所构成的虚拟价值网。之所以称之为价值网是因为它为所有参与者，包括企业、供应商和顾客都提供价值，并且参与者之间是基于相互协作的、数字化的网络而运作的。在价值网络中，重要的战略是对价值链管理进行拓展，繁复冗长的价值链将变为简捷的任意两点的灵活组合和连接，网络上的节点不再仅仅是垂直或水平的线性关系，而是全方位全天候的立体网络关系。借助价值网络，企业不仅在效率上能够保障整个通路对客户需求的快速协调反应，在经济上能够组合和延伸企业之间的资源和价值活动，使企业降低交易成本，而且在风险控制上，企业在价值链中可以相互学习，形成新的知识和技能，加强研发、生产、供销等价值链间的薄弱环节，同时借助于互联网大大降低搜寻成本和交易风险。

价值链理论揭示，企业与企业的竞争，不只是某个环节的竞争，而是整个价值链的竞争，而整个价值链的综合竞争力决定企业的竞争力。价值链理论既说明了企业应该从整个价值链的角度考虑降低成本，增强竞争力，也说明了银行应该从整个价值链的角度来开展业务，这正是供应链金融的理论基础。另一方面，银行在开展贸易金融业务时，也应该加强价值链管理，重视相关企业和金融机构的合作，提高自己的竞争力。

第四节　企业竞争理论

迈克尔·波特（Michael E.Porter）于20世纪80年代提出了企业竞争理论，其基本内容主要包括以下几部分内容。

一、五力模型

决定企业获利能力的首要因素是“产业吸引力”。企业在拟定竞争战略时，必须要深入了解决定产业吸引力的竞争法则。竞争法则可以用五种竞争力来具体分析，这五种竞争力包括：产业竞争者的竞争力、潜在入侵者的威胁力、买方的议价能力、卖方的议价能力及替代品或服务的威胁力。产业竞争者是指企业所在行业市场内经营的企业，相互之间为了争夺更多的市场份额，通过价格和非价格等方式进行竞争。潜在入侵者的威胁主要是通过夺取业务和激化竞争格局等途径瓜分在位者的利润。买方的砍价能力是对购买者力量的一种形象表示，它是指企业客户（组织或个人）在购买中对价格的谈判能力。卖方的砍价能力是指资源供给方的控制能力，即供应商的力量。替代品和服务的威胁力是指其他企业生产的能够替代本企业产品的产品。

这五种竞争力能够决定产业的获利能力，它们会影响产品的价格、成本与必要的投资，也决定了产业结构。企业如果要想拥有长期的获利能力，就必须先了解所处的产业结构，并塑造对企业有利的产业结构。

二、三大一般性战略

波特认为，在与五种竞争力量的抗争中，蕴含着三类成功型战略思想，这三种思路是：总成本领先战略、差异化战略、专一化战略。这些战略类型的目标是使企业的经营在产业竞争中获胜：在一些产业中，这意味着企业可取得较高的收益；而在另外一些产业中，一种战略的成功可能只是企业在绝对意义上能获取些微收益的必要条件。有时企业追逐的竞争战略的第二个中心问题是：企业在产业中的相对位置。竞争位置会决定企业的获利能力是高出还是低于产业的平均水平。即使在产业结构不佳，平均获利水平差的产业中，竞争位置较好的企业，仍能获得较高的投资回报。

“总成本领先战略”要求企业必须建立起高效、规模化的生产设施，全力以赴地降低成本，严格控制成本、管理费用及研发、服务、推销、广告等方面的成本费用。为了达到这些目标，企业需要在管理方面对成本给予高度的重视，确实总成本低于竞争对手。

“差异化战略”是将公司提供的产品或服务差异化，树立起一些全产业范围中具有独特性的东西。实现差异化战略可以有许多方式，如设计名牌形象，保持技术、性能特点、顾客服务、商业网络及其他方面的独特性等。最理想的状况是公司在几个方面都具有差异化的特点。但这一战略与提高市场份额的目标不可兼顾，在建立公司的差异化战略的活动中总是伴随着很高的成本代价，有时即便全产业范围的顾客都了解公司的独特优点，也并不是所有顾客都将愿意或有能力支付公司要求的高价格。

“专一化战略”是主攻某个特殊的顾客群、某产品线的一个细分区段或某一地区市场。低成本与差异化战略都是要在全产业范围内实现其目标，专一化战略的前提思想是：公司业务的专一化能够以较高的效率、更好的效果为某一狭窄的战略对象服务，从而超过在较广阔范围内竞争的对手。公司或者通过满足特殊对象的需要而实现了差异化，或者在为这一对象服务时实现了低成本，或者二者兼得。这样的公司可以使其赢利的潜力超过产业的平均水平。

三、钻石体系

除了产业与企业策略以外，波特将他的理论更延伸到国际竞争上，他提到“在国际间竞争，企业可以将活动延伸到几个不同的地点，并借着全球性网络协调，让不同地点的活动产生潜在的竞争优势”，例如瑞士的巧克力、日本的机器人、德国的高性能汽车等，在 1990 年，波特出版《国家竞争优势》一书着重于地理位置在竞争优势中的角色。此外，波特在这本书中将企业竞争优势的概念应用到国家层次，探讨一个国家如何能建立起它的竞争优势。针对这个主题，波特提出“钻石体系”(又称菱形理论) 的分析架构。他认为可能会加强本国企业形成国内竞争优势的因素包括：

(一) 生产要素

一个国家将基本条件，如天然资源、教育、基础建设转换成特殊优势的能力。现在的国家都已具备完善的交通系统与电信网络，也有最优良的人力资本，因此基本的生产要素已经不能永保竞争优势，而是建立特殊的优势，比如说高度的专业技巧与应用科技。

(二) 需求状况

本国市场对该项产业所提供的产品或服务的需求数量和成熟度。本国市场上对该项产业所提供的产品或服务的需求量越大，消费者越成熟，就越可能建立起该产业在国际上的竞争力。

（三）相关产业和支持产业表现

一个产业想要在国际上拥有绝对的竞争优势，就必须有世界一流的供货商，并且从相关产业的企业竞争中获益，这些制造商及供应商形成了一个能促进创新的产业“集群”。

（四）企业的策略、结构和竞争对手

企业的组织方式、管理方式、竞争方式都取决于所在地的环境与历史。若是一个企业的所在地鼓励创新，有政策与规则刺激企业往训练技术、提升能力与固定资产投资，企业自然有竞争力。另外，当地若是有很强的竞争对手，也会刺激企业不断地提升与改进。

这四个因素对每一个产业的影响并不相同，应该分别加以评估，更重要的是，钻石体系是一个动态的体系，它内部的每个因素都会相互推拉影响到其他因素的表现。

贸易金融作为一种创新性的金融业务，是银行提高自身竞争力、增加利润的一种有效的手段。同时，银行通过良好的贸易金融服务也有助于解决企业的融资问题，大大提升企业的竞争力。

第四章

我国商业银行国际结算与贸易融资业务的发展

第一节　我国国际结算和贸易融资的发展现状

我国在20世纪80年代中期进行银行商业化改革后才出现了真正的商业银行。四大国有商业银行在成立之初，经营领域有严格的划分，与外汇相关的业务由中国银行独家垄断。直到20世纪80年代后期，四大国有商业银行的垄断经营领域被打破，股份制商业银行的陆续成立，国际结算和贸易融资业务才在其他各家商业银行陆续推出。而我国商业银行普遍开办国际结算和贸易融资业务始于20世纪90年代。近年来，中国经济和对外贸易呈现高速增长的态势，金融体制改革进一步深化，国有大型商业银行也纷纷股改上市，中小股份银行发展十分活跃，外资银行大举进入中国，银行业竞争日趋激烈。由于传统的存贷款业务利润空间有限，商业银行市场开拓的重心逐渐转向了中间业务，国际结算和贸易融资领域的竞争日趋激烈和白热化。近几年来，随着高新科学技术的发展，加快了国际贸易供应链的形成和电子商务及互联网技术的发展步伐，促进了国际结算和贸易融资的发展，使得国际结算和贸易融资领域发生了一系列的深刻的变化，呈现出新的特点。

一、新兴国际贸易融资业务的种类、结构较少，仍以传统产品为主

我国商业银行新兴国际贸易融资业务的办理较少，主要办理传统国际贸易融资业务。国际保理、福费廷等新兴业务开展得较少。据统计，截至2010年，80%的欧美企业贸易额采用非信用证的方式交易，信用证使用比例已经降至10.20%，亚太地区信用证的使用比例也在逐年下降，而中国企业信用证的使用比率高达80.9%。在FCI会员范围内，中国国际保理业务量占进出口总额的比率只有0.15%，相对于发达国家和地区较低。

二、我国商业银行的风险识别意识淡薄，控制能力薄弱

我国商业银行在开展国际结算和贸易融资业务的初期，对该种业务风险性认识较为肤浅，没有将其纳入完善的授信风险管理之中，再加上商业化经营的时间不长，风险管理薄弱，这直接导致20世纪90年代中期由于大量信用证垫款形成的银行不良资产。之后，我国商业银行才建立起内部授信风险控制体系，并将国际贸易融资全部纳入风险管理之中。在国际贸易融资方面，许多我国商业银行按流动资金

贷款的标准进行审批，要求抵押质押品。随着信息技术的不断发展，在对内的操作风险方面，我国许多商业银行正在积极建立单证中心，希望通过计算机网络将全行所有的结算和国际贸易融资集中于单证中心处理。目前，国内各家商业银行纷纷认识到，建立单证中心，实现国际业务的集中化操作是国际业务发展的大势所趋。但是，目前已将单证中心投入实际运作的银行还不多，单据处理是由接单的分支行负责。除了几家股份制银行已经完成单证业务集中处理，大多数银行仍处在单证中心模式论证或者筹备阶段。例如，在四大国有商业银行中，工商银行、建设银行率先建成了单证中心，其他商业银行如兴业银行、招商银行总行也成立了单证中心。中国银行单证中心建设进入了实质性阶段。

目前尚未有一套很好的商业银行和商业银行与政府机构间信息流通渠道，导致商业银行收集信息的难度大、成本高，一定程度降低了商业银行风险管理能力。

三、贸易融资授信审批流程创新

在20世纪90年代中期出现了大量国际贸易融资垫款后，我国商业银行对业务操作流程和组织结构进行了很大的调整。最主要的调整是将国际贸易融资纳入了统一授信管理体制，以防止多头审批授信，以及企业总的授信额度超过其正常的还款能力。我国商业银行基本采用“三位一体”的授信决策程序。

国际结算和贸易融资业务时效性强，授信的时效性和灵活性目前已成为商业银行的竞争手段之一。然而我国商业银行贸易融资的业务烦琐，审批过程不灵活，效率相对较低。贸易融资业务审批层级较多，各层审批要遵循一定顺序，一层完成后再到上一层，属于逐级审批的“金字塔”式的业务审查结构。在进行授信时不论金额大小基本上都得经过风险管理部的审批的流程。这种审查结构缺乏时效性和灵活性。

针对这一问题，借鉴西方商业银行基层风险管理部门与业务部门同时跟踪业务的发展的做法，各家银行纷纷对贸易融资授信审批流程进行了创新和改革。工商银行为了缩短业务审查的时间，要求各部门间保持沟通、合作机制，明确各部门审查权限，信贷审查和技术审查同时进行。民生银行分行要求客户经理进行贸易融资授信业务的同时，风险经理也要进行尽责调查，之后还要上报贸易融资评审中心进行专业审评。这些措施大大有效缩短了贷款申请到贷款发放的距离，提高了审批效率。

四、国际结算和贸易融资业务范围不断扩大，产品研发和营销模式创新层出不穷

国际结算和贸易融资业务不再仅局限于传统的信用证、托收、汇款等产品，而是从对外贸易领域延伸到国内贸易领域。将国际贸易的融资产品应用于国内贸易

中，既满足国内产业融资的需要，降低交易风险，同时拓宽商业银行的业务范围。

发展国际结算和贸易融资业务，增加银行中间业务收入已经成为各商业银行的共识。仅依靠传统手段和产品完全满足客户需求已经不可能。各商业银行纷纷以客户需求为出发点，凭借自身的资源优势，推出了更加全面、人性化的产品。

在单个产品层面，推出了一些适应市场需求的产品。例如，随着国内企业“走出去”步伐的加快和国内贸易的蓬勃发展，企业对信用保险项下融资业务的整体市场需求日益增加。为此，各行相继设计相应的产品，对已向中国出口信用保险公司(或经银行认可的其他保险机构) 投保信用保险的贸易，凭相关贸易单证和赔款转让协议等，提供相应的资金融通业务。如中国银行的“融信达”，中信银行“保险押汇”，民生银行“信保融资”等等。

在产品组合和整体解决方案层面，沿着将国际国内贸易相结合和与资金产品相结合两个主要方向，不断推出适应客户综合需求的产品和方案，并把自身从产品提供者向方案提供者转变作为一个重要目标。事实上，这也是近年来国际结算和贸易融资产品创新的主要方向。例如，招商银行针对不同规模的国际结算和贸易融资客户，分别设计推出了大型企业服务方案和中小企业服务方案。民生银行将国际贸易和国内贸易结合起来推出了进口物流融资。深圳发展银行更是将其定位于一家物流银行，希望通过力推供应链融资业务，在中小企业金融服务中形成比较优势。

除了上述产品方面的创新以外，近年来，为国际结算和贸易融资提供支持的电子信息技术平台建设方面呈现出较为显著的变化。一是少数银行在本身集中式国际业务操作系统的基础上，开始建设集团公司客户集中收付汇业务系统，为集团公司客户集中下辖子公司国际结算和贸易融资业务提供操作平台。二是 SWIFT 组织在中国进一步加大了贸易服务设施系统（TSU，Trade Services Utility）的推广力度。三是为适应国内应收账款质押融资业务的需要，人民银行 2007 年已经完成了应收账款质押登记公示系统的建设，并于 10 月 8 日起开始上线使用，这将为商业银行开展此类业务提供一个基础性平台。

五、我国商业银行在国际贸易融资业务创新中风险控制能力薄弱，内外环境造成的创新约束较多且不易摆脱

我国商业银行在国际贸易创新方面已经有了一定的发展。开始了国际保理、福费廷等新型业务。在国际贸易融资业务上与保险公司和物流公司合作，通过转移风险和控制物流的方式提供无抵押融资服务。我国一些商业银行根据贸易的各种需求，推出了结构性融资。供应链融资更是近年来贸易融资领域的热点产品。这种产品针对企业物流供应链中对资金和风险防范的需求，基于贸易产生的应收账款而设

计。供应链融资无论从产品理念、操作流程还是风险理念上都体现了创新之处。另外，各行推出了网银信用证，这一举措也体现了国际结算和贸易融资领域的技术创新。技术创新是推动业务发展的重要动力。为简化业务流程、提高服务质量提供了可能性，同时为商业银行的业务运行和风险控制提供了有力的工具。

但是目前，我国商业银行只有为数不多的几家大银行跨出了国门，大多数只是在香港等地区设立办事处，基本上所有的分支机构都设在跨国境内。因此，我国商业银行主要面对国内市场，受到国内法律法规的约束。在外汇金融方面，人民币在资本项目下还不能实现自由兑换。由于对风险的认识不够深入，内部制度的执行不够灵活。通常以“除了规定允许的可以做外、未允许的都不可以做”的原则来制定规章制度。因此，对未知领域和制度框架外的探索较少。另外，由于我国商业银行跟踪、掌握市场需求变化的能力，以及在陌生环境下识别、规避风险的能力较弱，我国商业银行业务创新能力仍然较低。

第二节　信用证下的贸易融资

信用证项下的贸易融资产品包括授信开证、进口押汇、提货担保、信用证代付、买房远期信用证、提单背书、打包贷款、出口押汇、出口信用证贴现、出口信用证保兑等。下面将从含义、特点、业务流程、风险防范等角度做具体分析，以便有更深入的了解，从而更恰当地运用在实务中。

一、进口信用证下贸易融资

(一) 授信开证

1. 定义

授信开证是指客户未将足额（含信用证允许浮动部分）信用证备付款项存入银行保证金账户的情况下，银行根据客户的资信情况，为客户核定授信开证额度，在额度内为客户办理的进口信用证业务。具有进口业务经营资格，业务情况及收付汇情况良好、资信可靠、具备一定经济实力，能够提供银行接受的可靠担保、抵押、质押的客户，可以向银行申请办理授信开证业务。

2. 业务流程

信用证申请人要办理授信开证，首先根据开证行的要求准备提交必要的资料，向开证行申请相应的授信额度，这些资料通常包括公司章程、财务报表等，用以证明申请人的资质及还款能力，除部分资信较好的申请人外，银行会要求大多数申请人办理相应的抵押或质押等担保手续。然后，银行审核开证申请人所提交的资料，根据其偿债能力、担保条件、履约记录等情况为其确定授信额度。开证行开立信用证。根据银行的相关规定，在授信额度内，申请人可以免除部分或者全部保证金。最后信用证到单后，申请人于付款前备足资金支付信用证款项。

3. 风险防范

银行办理授信开证所面临的风险主要表现在以下几个方面。

第一，进口商信用风险。进口商在受到商品行情变化时，在单到后不到银行办理付款赎单手续造成银行垫款。第二，第一还款来源损失风险。例如，市场行情的变化，会造成进口商的盈利水平的变化，从而影响进口商付款赎单的能力，最终影响银行融资的安全。第三，银行内部风险管理。内部管理不善，会导致授信开证审批环节或单据处理过程中出现道德风险，同时工作人员的不专业也会引起各种纠纷。

银行针对授信开证的风险应采取以下防范措施：

第一，进口商信用风险防范。为避免进口信用证融资中客户信用风险的发生，银行在开证前尤其在开立远期信用证之前，除了应该认真分析进口商财务状况和盈利能力外，还应特别关注于其以往的信用记录。对于以往办理信用证业务中有不良记录、生产经营已经出现重大问题或者潜在危机的企业，银行应拒绝为其办理授信开证。

第二，对第一还款来源的风险防范。进口信用证融资项下，银行第一还款来源为进口商品销售收入或工贸企业主营业务收入。为保证第一还款来源的可靠性，开证行要加强市场调查及审查工作，合理确定开证保证金的比例，加强对远期信用证业务的后期管理。

第三，银行内部管理及操作性风险防范。银行内部管理及操作性风险防范应主要侧重于银行内部道德性风险的防范及技术性问题的处理上。建立完善的内控制度，防范银行内部道德性风险的发生；严格审查申请人在开证申请书中对运输单据的要求；合理选择信用证有效形式；同时合理利用国际惯例规避风险。

(二) 进口押汇

1. 定义

进口押汇是指开证行应开证申请人的要求，与其达成信用证项下单据及货物所有权归开证行所有的协议后，开证行以信托收据的方式向其释放单据并先行对外付款的行为。具体地说就是银行收到信用证项下单据后，在进口商暂时不付款的情况下由进口商以银行名义办理提货和销售、处理货物。在此前提之下，银行向其交单并先行对外付款，再由进口商在双方约定的到期日偿还银行本息。进口押汇是开证行给申请人的一种短期融资，其特点是专款专用，即只能用于信用证项下的付款。

2. 业务流程

申请客户向银行提交《进口押汇申请书》，并提供注册、经营、财务情况等有关资料，供银行融资审核。银行审核合格后，签订《进口押汇总质押书》，企业要提供相应的担保、质押或第三者担保。押汇申请批准后，银行凭客户填写的借款借据，向企业支付押汇款项。押汇到期，客户应将押汇本息归还银行。逾期押汇款项，银行保留追索权。

3. 风险防范

银行办理进口押汇业务所面临的风险主要在以下几个方面：

对客户信用风险审查不严，担保落实不足；信用证要求的运输单据不是全套物权凭证，银行将失去对信用证项下物权凭证的控制，加大融资的风险。单据存在不符点；押汇用途不符合规定，押汇期限过长或金额过大；申请人经营状况发生变化等情况会导致押汇款项难以归还。

银行针对进口押汇的风险应该采取以下防范措施：

第一，明确审查内容，落实有效担保。开证人应对申请人的基本情况、财务状况、生产经营状况、信用状况以及行业及市场环境进行详细的了解，同时应落实资产抵押、信用担保或全额保证金。第二，根据申请人的资信及偿债能力，合理设置押汇期限和金额。第三，对于信用证要求非全套物权单据或非物权运输单据的情况，开证行应严格审查贸易背景的真实性，确定信用证规定的运输单据的合理性，对于要求非全套物权单据的情况，在开证时应尽量要求做成以开证行为记名收货人，以控制货权，降低风险，同时应有效落实银行对货物的所有权，以防被欺骗。第四，对于不符点单据项下办理进口押汇，开证行应要求申请人以书面形式明确表示接受不符点，用以对外付款。对于已经拒付的单据，如申请人接受不符点并要求办理进口押汇，除非信用证规定或开证行在拒付时明确表示在得到申请人同意后可以自行处理单据，开证行应在接到议付行的授权后方可办理进口押汇并发放给申请人。

(三) 提货担保

1. 定义

提货担保，又称担保提货，系指信用证规定提交全套海运提单，而货物先于全套正本单据到达港口，进口商为及时提货向开证银行申请开立提货保函，交船运公司先予提货，待进口商取得正本货运单据后，再以其换回提货保函的一种进口信用证项下融资方式。它其实是开证行出具的一种保函，开证行作为担保人承担保函项下保证人所面临的一切风险。同时相应的费用比较低廉，手续简便。

2. 业务流程

客户必须提供提货担保申请书及提货担保保函申请办理提货担保。银行审核客户的相关资料，审核通过后，银行将提货担保保函交客户提货。申请人凭提货担保向船公司提货。开证行收到正本单据后凭申请人的付款或承兑放单给申请人。申请人用正本提单船公司换回正本提货担保书退还开证行。客户拿到正本单据后，以单据正本换回银行提货担保保函返还银行。开证行解除提货担保项下的担保责任，将保证金(如有的话)退还申请人。

3. 风险防范

银行办理进口押汇业务所面临的风险主要在以下几个方面：由于银行办理提货担保后，银行将失去对外拒付单据的权利。如果开证申请人在银行对外付款时无法筹集足额付款资金，即使单据存在实质性的不符点，银行业不得不垫付对外付款。因此，除非开证申请人村组双份保证金，提货担保业务本身对于开证行就意味着风险。另外，提货担保属于敞口保函，即提货担保没有金额和有效期的限定。也就是说银行的责任是“无限责任”。

银行针对提货担保的风险应该采取以下几个方面措施：应认真调查和了解提货担保的信用证贸易背景。尤其是应调查分析信用证项下货物是否是近洋贸易，是否有签发提货保函的必要，落实有效保函。开证行可要求进口商提供抵押品，或由信誉良好的第三人提供无限责任担保。加强对提货担保业务的追讨管理。信用证中应要求全套正本海运提单通过银行提交，同时由于提单担保存在金额与期限不确定的特点，银行在收到办理了提单担保的单据后，应督促申请人尽快向船公司换回提货担保函，尽早解除自身的担保责任。对客户迟迟不能退换提货担保的，银行应向其加收担保费，并在其缴回提货担保前不予办理新的提货担保。

严格审查申请人的资信。开证行应该对申请人进行授信评级，建立申请人档案，给申请人一个总的授信额度。提货担保应该视为开证行给予申请人的短期融资，已经开出应该在总的授信额度内进行相应扣减。如果对于申请人而言，有应该退还而没有及时立案的，银行不再开立新的提货单担保。

(四)信用证代付

1. 定义

信用证代付业务是指即期信用证项下单到后或远期信用证付款日前，开证申请人如有融资需求即时提出申请，在开证申请人承担贴现利息的前提下，开证行指定或授权其代理行（偿付行）向受益人（或议付行）代为偿付。待融资到期日，再由开证申请人偿付信用证项下款项、利息及相关银行费用。适用对象为经工商行政管理机关（或主管机关）核准登记的具备贷款资格的企（事）业法人和其他经济组织。

2. 业务流程

开立信用证的过程同一般信用证；申请人在付汇前提出信用证代付申请，并签订相关协议；银行在进口信用证付款到期日指定或授权我行代理行向申请人的出口商付款；在融资到期日，申请人向银行支付信用证款项下款项、利息及相关银行费用即可。

3. 风险防范

信用证代付业务所面临的风险主要表现在以下方面：

第一，对客户信用风险审查不严，担保的合法有效性落实不足；申请资料要素与信用证不一致；信用证要求的运输单据不是全套物权凭证；单据存在不符点；融资用途不符合规定，融资期限过长或金额过大；申请人经营状况和财务情况发生变化导致融资款项难以归还；作为代付行，还会面临信用证开证行的信用风险。

第二，由于代付行对开证申请人的信用情况并不了解，只是应信用证开证行的要求对信用证进行偿付，作为代付行，受理此项业务是基于对开证行偿付能力的了解与信任，一旦开证行的营业情况出现问题，丧失了偿还能力，代付行也将面临融资难以收回的风险。

银行针对信用证代付业务的风险防范措施包括以下几点：第一，明确审查内容，落实有效担保。开证人应对申请人的基本情况、财务状况、生产经营状况、信用状况以及行业及市场环境进行详细的了解，同时应落实资产抵押、信用担保或全额保证金。第二，根据申请人的资信及偿还能力，合理设置融资期限和融资金额。

第三，对于信用证要求非全套物权单据的情况，开证行应严格审查贸易背景的真实性，并有效落实银行对货物的所有权，以防被欺骗。

第四，对于不符点单据项下办理进口代付，开证行应要求申请人以书面形式明确表示接受不符点，同意对外付款。

（五）买方远期信用证

1. 定义

买远期信用证，又称做“假远期信用证”，是指买卖双方在生签订合同时规定，用即期信用证方式付款，而实际上由进口商开来远期信用证，要求受益人开具远期汇票，由进口商负担现利息和手续费，出口商（受益人）能即期收到全部货款的一种信用证。同进口押汇一样，买方远期信用证也是开证行给开证申请人的一种融资，都具有专款专用的特点。

2. 业务流程

信用证申请人与受益人双方在开证前就开立买方远期信用证的付款期限和融资条件达成一致。申请人向开证行申请开立买方远期信用证，并提交相关材料。开证行对申请人的资信情况、偿债能力、贸易背景及所提交的材料进行审核，落实有效担保措施，必要时可要求缴存保证金。开证行对外开出信用证，并在信用证中对信用证项下所产生的各项应付款项的承担方及各方的责任义务作出明确规定。开证行收到信用证项下单据后，按照信用证的规定对外付款。融资到期日，申请人归还开证行融资款项。

3. 风险防范

由于买方远期信用证与代付业务性质相近，所以业务的主要风险点及防范措施大致相同。但在办理买方远期信用证时除注意上述风险外，开证行还应对信用证条款进行严格审查，在条款中明确开证行所应承担的付款责任，对于信用证下产生的利息等开证行免责的部分要在信用证中作出明确的规定。

(六) 提单背书

1. 定义

提单背书是指信用证开证行应开证申请人的要求，在收到以开证行为抬头的正本物权凭证时背书给开证申请人凭以办理提货手续的行为。出口业务中，提单的背书是仅对于指示提单 ORDERB/L 来说的，其他提单，像记名提单 STRAIGHTB/L、不记名提单 BEARERB/L 都不用背书。在进口业务中，记名提单应有与提单收货人一致的公章真迹背书方可提货，指示提单应有提单持有人的公章真迹背书方可提货。

2. 业务流程

(1) 申请人向开证行申请办理提单背书，并提交相关文件。

(2) 开证行收到申请人的申请后，经过仔细审核落实有效担保措施，必要时可要求申请人缴存相应的保证金，然后对提单进行背书。

(3) 申请人凭背书后的提单向船公司提货，并在收到开证行关于正本单据的提示后对单据进行承付。

3. 风险防范

提单背书的风险主要表现在贸易背景不真实，客户信用风险审查不严，担保的合法性落实不足，到单存在不符点等反方面。提单背书业务的风险管理包括以下几点。

第一，完善制度。应建立健全相关规章制度、规范操作规程，并严格遵循有关制度进行操作。第二，落实有效担保。提单一经背书后即成为申请人凭以提货的有效文件，开证行也因此丧失了对货物的控制权，因此开证行必须落实资产抵押、信用担保或全额保证金，还应要求申请人出具相应格式的信托收据，具体说明在赎单前货物所有权归银行，并负责赔偿银行可能遭受的一切损失。同时在对提单进行背书后，开证行应进行必要的监督和制约。第三，提单背书仅限于本行开立的信用证项下的商品提货，并逐笔申请、逐笔审核、逐笔办理。第四，严格约定申请人不得拒付。在办理提单背书前，开证行应要求申请人书面承诺对于寄来的单据，无论其是否存在不符点，均同意付款或承兑。开证行如根据申请人所提示的单据审出不符点，应要求申请人书面接受不符点并同意付款或承兑，否则不予办理提单背书。第五，严格审查申请人的资信。开证行应重视申请人的一贯做法，对信誉较好的老客户也不可过分掉以轻心，要随时关注其业务变化，并设立风险控制底线。对不知底细或信誉不良的客户更要严格遵守操作规定，密切关注，严格把关，对已产生疑问的业务应拒绝办理提单背书，以免陷入贸易纠纷或被欺骗。

二、出口信用证项下的贸易融资产品

(一) 打包贷款

1. 定义

打包贷款是指出口地银行为支持出口商按期履行合同、出运交货，向收到合格信用证的出口商提供的用于采购、生产和装运信用证项下货物的专项贷款。打包贷款是一种装船前短期融资，使出口商在自有资金不足的情况下仍然可以办理采购、备料、加工，顺利开展贸易。有出口业务经营权的企业才可以办理打包贷款。在流动资金紧缺，国外进口商虽然不接受预付货款的条件但同意开立信用证的情况下适宜选择打包贷款业务。

2. 业务流程

出口商在收到信用证后，向银行提出打包贷款申请，并提供信用证正本及内外贸合同、贸易情况介绍等有关资料，如通过代理应提供有关代理协议；银行对信用证及其修改的真实性、条款等项内容进行审核；审核通过后，与出口商签署《打包贷款合同》，发放打包贷款。为确保专款专用，银行有权审核客户的用款情况；出口商利用资金组织或生产出口货物，按信用证要求及时发货；出口商出口货物取得信用证项下有关单据后向放款银行交单议付，收到出口货款后，及时归还银行打包贷款。

3. 风险防范

银行办理打包贷款业务所面临的风险主要包括以下几个方面：

第一，出口商信用风险。在打包贷款项下，出口商可能因为经营状况和财务情况发生变化导致融资款项难以归还。

第二，第一还款来源损失风险。出口信用证的融资的第一还款来源是出口货款收入。通常影响出口货款收入的因素有：进口商所在国的国家风险。

如果进口商所在国家或地区发生暴乱、政变或经济形势恶化等情况，可能影响短期的外汇管理政策，从而影响货款的收回。开证行的信用风险。有时可能因为开证行的资信欠佳无理拒付或因破产倒闭失去偿还能力等原因，导致出口款项无法收回。进口商的信用风险。在出口信用证项下，如果进口商履行了付款责任，开证行自行拒付的情况非常少见，但如果进口商支付困难或恶意违约，开证行拒付的可能性就会大大增加，从而影响贷款的收回。

第三，银行内部操作风险：对信用证真实性的风险。通知行在通知信用证时应核实信用证的真实性。对信用证条款的风险。信用证条款的风险主要是集中在软条款和运输条款两部分。所谓软条款是指受益人自身无法控制的条款，如果为含有此类软条款的信用证办理打包贷款，且不采取任何防范措施，银行将会面临较大的风险。运输条款的审核主要是看信用证是否要求全套货权单据。由于全套海运提单的每一份正本都具有同等效力，所以如果信用证不要求全套正本运输单据，就意味着出口方银行不能控制货权，如果为此类信用证办理打包贷款，万一从开证行收取不回款，出口方将无法通过处置出口商品来得到补偿，遭受损失的可能性就会增加。融资期限与融资金额不合理。

如果融资期限过短，融资到期时信用证款项尚未收回，银行可能面临融资款项无法收回的风险；如果融资资金过大，超过了信用证款项所能覆盖的风险额度，银行同样可能面临融资款项无法收回的风险。

银行针对打包贷款的风险应该采取以下防范措施：银行应对出口商的信用记录、履约能力等情况进行分析和研究，对信用记录较差、履约能力不强的客户应从严掌握。严格审核开证行资信，密切关注进口商所在国家和地区的政治经济状况和市场行情，适当关注进口商信用情况。严格审查信用证条款、真实性，严格审核单据，同时合理确定融资期限和融资金额。

(二) 出口押汇

1. 定义

出口押汇是指在出口贸易中，以信用证方式结汇，出口商以信用证项下的出口单据作质押，请求出口地银行在收到开证行的付款之前，向出口商垫付信用证金额的一种融资方式。这种方式的融资金额通常为信用证金额的全额，以信用证项下的收回作为还款资金来源。如果日后开证行不能付款给出口商，则出口商必须以自有资金偿还押汇银行的本金和利息。与其他融资方式比较，这种融资方式不需要出口商提供担保、抵押或者质押或者保证金。

2. 业务流程

申请人就某一特定单据申请办理出口押汇，并向押汇银行提交相应材料。应提交的材料包括：出口押汇申请书、信用证下单据，以及银行要求的其他材料。银行对押汇申请人的资信状况、贸易背景及提交的材料进行审核，并根据审核结果确定融资比例，确实有效担保措施。银行对押汇款项进行发放处理。收到信用证项下货款时，该款项首先被用于偿还押汇本息，余额入押汇申请人账户。如押汇到期仍未收到开证行付款，押汇申请人应以自有资金偿还银行押汇本息。

3. 风险防范

出口押汇的风险和打包贷款类似，不同的是出口押汇的信用证条款的风险，用于办理出口押汇的信用证，其条款风险表现在以下几方面：第一，信用证存在软条款。在这种情况下，确定受益人是否满足信用证条件的主动权掌握在进口商手中，因此对出口商正常收回十分不利。第二，运输单据为非物权凭证或不能提交全套物权凭证。这意味着银行未能有效地控制货权，其融资的风险全部形成敞口。

出口押汇的风险和打包贷款类似，风险防范措施也就和打包贷款大同小异了。押汇银行应该详细考察申请人的信誉，落实有效担保；加强对信用证的真实性、合法性和有效性的审查；严格审核单据；合理设置押汇其险恶押汇金额；押汇银行要密切关注开证行的资信情况以及国际市场的信息变化，以便及时应对异常情况。

（三）出口信用证项下贴现

1. 定义

出口信用证项下贴现是指出口地银行从出口商处购入已经国外开证行或保兑行承兑（或承付）的未到期远期汇票，或者已经银行承付的未到期远期债权。这种融资方式是开证行或者保兑行出具承兑或者承付通知书后，国外银行付款之前，由出口地银行提供的融资，属于“承兑后融资”。实质是以出口单据以及开证行或者承兑行出具的承兑或者承付作抵押而发放的贷款。如果出口商不能正常收回货款而不能偿还融资时，出口地银行仍对出口商享有追索权。

2. 业务流程

信用证受益人装运货物后，向出口地银行交单；国外银行收到单据并确认单证相符后向出口地银行发出承兑或承付通知书；出口地银行将承兑或承付通知书转递给受益人；受益人书面提出贴现申请；出口地银行经审核同意与受益人签订贴现协议，根据国外银行承兑或承付的金额扣除利息和费用后，将款项入受益人账户；出口地银行收到国外银行付款后，自动代替受益人做出还款处理。如到期末未能归还融资，则向贴现申请人追索。

3. 风险防范

出口信用证项下的贴现风险与出口押汇业务风险类似，所以两者的风险防范措施和注意点也近似。

第三节　托收项下的贸易融资

托收项下的贸易融资产品包括进口代收押汇、进口代收代付和出口托收押汇／贴现三种。下面我们将从概念，办理流程和风险防范三方面——做分析。

一、进口代收押汇

(一) 定义

进口代收押汇是指银行应收收付款人要求，与其达成进口代收项下大举及货物所有权归银行所有的协议后，银行以信托收据的方式向其释放单据并先行对外付款的行为。

(二) 业务流程

首先，申请并签订协议。单据到达代收行后，付款人向代收行提出进口代收押汇申请，申请时需提交以下材料：押汇申请书、还款计划、借款借据、信托收据及其他银行要求的文件，之后签订相关协议，协议中对进口代收项下押汇各方的权利和义务做出明确的规定。

然后，代收行对外垫付。在对付款人的资信情况、偿债能力、贸易背景进行审核之后，代收行先行对外垫付，同时将单据释放给付款人人，由其提货进行加工转卖。

最后，归还垫款。押汇到期后，付款人用货物的回笼款归还代收行的垫款。

可以看出进口代收可以帮助进口商暂时解决资金周转问题，但是一般期限不超过 90 天。该产品利用银行资金进行商品进口和国内销售，不占压任何资金即可完成贸易并获得利润。除此以外，它还可帮助进口商无法立即支付货款的情况下，取得物权单据、提货、转卖，从而抢占市场先机。

（三）风险防范

银行办理该业务时也面临了一些风险，主要体现在以下四点：

第一，对客户信用风险审查不严，担保的合法有效性落实不足；第二，代收单据中提供的运输单据不是全套物权凭证；第三，押汇用途不符合规定，押汇期限过长或金额过大；第四，押汇申请人经营状况与财务情况变化，押汇款项难以归还。

银行针对进口押汇风险应采取以下防范措施：

第一，建立健全相关规章制度，并严格遵守。第二，明确审查内容，落实有效担保。例如，代收行应对付款人的基本情况和财务情况进行详细了解，掌握充分的资料，要求付款人落实保证金，除此以外还应及时跟踪企业应收账款明细，及早规避风险，对可能出现的问题及时采取补救措施；第三，对申请项目逐笔分析记录，项目清晰，有条有理；第四，严格查实贸易背景以防欺诈，对于已产生疑问的业务，应拒绝办理押汇业务。另外，对于存在过押汇逾期或有不良记录的企业不应为其办理押汇业务。

二、进口代收代付

（一）定义

进口代收项下代付是指银行叙做的进口代收业务项下，应代收付款人的申请，与其达成进口代收项下单据及货物所有权归代收行所有的协议后，代收行以信托收据的方式向其释放单据，并委托其他银行代为支付进口货款，到期后由客户偿还融资本息以及相关费用的行为。在这里要强调的是，代收代付是代付行通过代收行向付款人提供的融资，代付行承担的是代收行的信用风险，而代收行承担的是付款人的风险。

（二）业务流程

与进口押汇相比，进口代付对进口商而言，其意义和进口押汇是一样的，运作程序也相似，在开证前由开证行与开证申请人签订相关协议，并于付款日前提出申请，代收行向选定的代付行询价并付款，付款人到约定时间归还本息。

（三）风险防范

当然，除了它们办理程序类似外，它们的风险也相似。除了进口代收押汇的四条风险外，进口代收代付还多了一条风险，上文中我们也提到过，作为代付银行，还会面临代收行的信用风险。所以，其风险防范措施也和进口代收押汇相似。

三、出口托收押汇 / 贴现

（一）定义

出口托收押汇是指采用托收结算方式的出口商在提交单据，委托银行代向进口商收取款项的同时，要求托收行先预支部分或全部货款，待托收款项收妥后，归还银行垫款的融资方式。出口托收贴现是指银行有追索权地对出口跟单托收项下已经承兑的远期票据进行的融资。出口托收项贴现 / 押汇属商业信用，出口款项能否全部收回完全取决于付款人的信用状况，所以风险远比出口信用证项下风险要大。

（二）业务流程

发出货物后取得相关单据；向银行提交单据、委托代为收款并提出融资额度申请，申请时需提交申请书、托收单据及其他相关材料；银行受理并审查申请人的资信情况、贸易背景等，申请人签订最高额担保合同；发放贷款；收到托收项下货款时，该款项首先被用于偿还押回本息。余额入押汇申请人账户；如押回到期仍未收到代收行付款，押汇申请人应以自有资金偿还银行押汇本息。

（三）风险防范

银行办理该业务时，主要有以下几方面的风险：

首先，进口商的风险。（1）进口商的信用风险。如果市场行情发生变化，影响了进口商预期盈利水平甚至导致亏损，进口商会拒绝办理付款手续，影响出口商收回货款。⑵ 进口商所在国的国家风险。如果进口商所在国家放生经济形势恶化情况，也会影响到货款的收回。（3）进口商的银行风险。在实务中，有时进口商银行不按托收银行指示或国际惯例行事，在进口商未办理付款或承兑手续的情况下就释放单据，使托收行失去了对货权的控制，影响银行出口押汇资金的安全。

其次，出口商的风险。出口商经营状况和财务情况发生变化导致融资款项难以归还。

再次，其他风险。如融资期限和融资金额不合理，单据不具备真实贸易背景。

针对这些风险，应采取以下措施：

第一，建立健全相关规章制度，并严格遵守。第二，明确审查内容，落实有效担保。例如，押汇银行应对押汇人的基本情况和财务情况进行详细了解，掌握充分的资料，要求押汇人落实保证金，除此以外还应及时跟踪企业账款明细，及早规避风险，对可能出现的问题及时采取补救措施。第三，对申请项目逐笔记录，项目清晰，有条有理。第四，严格查实贸易背景以防欺诈，对于已产生疑问的业务，应拒绝办理押汇业务，另外，对于存在过押汇逾期或有不良记录的企业也不应为其办理押汇业务。第五，押汇银行还应了解进口商所在国家地区和托收项下货运目的地的政局、经济环境、金融政策秩序以及受制裁等情况，发现异常情况及时采取防范补救措施。

出口信用证押汇和出口托收押汇的的根本区别在于出口信用证押汇有开证行（或保兑行）的付款保证，属于银行信用；而出口托收押汇属于商业信用，收汇风险大。银行为控制风险，通常根据出口方收款人的资信、还款能力等对出口商核定相应的授信额度，仅仅在额度内做出口托收押汇。

第四节　汇款项下的贸易融资

汇款项下的贸易融资产品包括进口 T/T 融资、进口 T/T 代付、出口发票融资等。同样，我们也从其概念、流程和风险三方面做详解。

一、进口 T/T 融资

（一）定义

进口 T/T 融资是指采取汇款方式结算的、进口合同规定或代付款的国际贸易项下进口货物到港后，根据申请人的书面申请，银行为其支付给国外出口商的部分或全部应付货款提供的短期资金融通，并按约定利率和期限由申请人还本付息的业务，它具有很强的目的性，具有专款专用的特点。

（二）业务流程

通常进口商与相关银行鉴定协议并提交全套付汇单据和申请书，进银行审定后就对融资款项发放处理并使用该款项进行 T/T 项下的付汇，等押汇期到期时，进口商还清融资本息即可。可见，该产品也可以减轻资金占压和缓解资金周转困难。

(三) 风险防范

对于T/T融资的操作必须有一个清醒的认识，尤其是在具体操作中存在的风险有如下几点：借款人的信用风险。T/T融资通常没有可靠的担保机制，其融资风险类似于信用贷款的风险。贸易欺诈风险。进出口商借助虚假贸易背景诈骗银行融资。融资后的还款风险。借款人的贸易背景虽然真实，而且贸易商的交易也获得了回款，但是可能贸易商并不愿意将款项直接偿还银行贷款。

为了防范T/T融资风险，银行必须注意以下几点：

第一，银行必须准确T/T融资的法律性质。该种融资不同于其他有担保的贸易融资，尤其是不能与信用证项下进出口押汇混同。因为进出口押汇是有抵押或者质押为担保机制的贸易融资；信用证项下的进出口压汇是与信用证联系起来，其风险有比较有效的控制。T/T融资是与汇款支付方式联系起来的，而且是基于一种非常特殊的汇款方式——电汇。在该种融资方式中，银行虽然要审查贸易背景以及贸易项下收益的预期，但是通常不要求客户提供相关的担保机制，因此其风险较高。只有清醒地看到T/T融资的信用融资风险，银行才能采取有效的对策。

第二，银行在决定发放贷款前，必须对进出口商的资信做详细而准确的调查。银行要加强信用风险管理，重视资信调查。银行应认真审查开证申请人的付款能力，严格控制授信额度，对资信不高的申请人要提高保证金比例，落实有效担保。银行应建立客户信息档案，定期或不定期客观分析客户资信情况。在交易前通过一些具有独立性的调查机构仔细审查客户的基本情况，对其注册资本、盈亏情况、业务范围、公司设备，开户银行所在地址、电话和账号、经营作风和过去的历史等，进行必要的调查评论。

第三，要借助完备的融资协议来规范双方当事人的权利义务。T/T融资的汇款交易手续比较简单，银行不能简单对待融资项下各方的权利义务，尤其是不能因为客户吹嘘其资金回笼的速度非常快而疏忽融资的基本手续，要订立比较完备的书面协议。

第四，要注意构建合理有效的还款机制。T/T融资中，银行发放贷款的基础是存在一定的贸易背景，并且有真实可靠的预期资金回笼，银行要确保回笼的货款偿还银行贷款，银行必须借助账户管理等机制及时有效地追索到客户交易回来的资金。

二、进口 T/T 代付

(一) 定义

进口 T/T 代付是指银行对审批通过后的进口在一定程度上 T/T 融资业务，委托其他银行代为支付进口货款，到期后由融资申请人偿还融资本息以及相关费用的行为。

(二) 业务流程

在办理时，进口商首先应签订相关协议，并于付款日前提交相关的申请书和付汇单据，以及银行要求的其他单据，在进口商银行对进口商的资信情况，偿债能力进行审核后，再向代付行进行询价，达成一致后，代付行对外付款，融资到期日，付款人备足资金偿还代收行和代付行的融资本息。

(三) 风险防范

银行在办理进口 T/T 代付时面对的风险和进口 T/T 融资类似。例如，对客户信用风险审查不严，担保的合法有效性落实不足；办理该业务不具备真实贸易背景或未核注进口报关单；融资用途不符合规定，融资期限过长或金额过大；融资申请人经营状况与财务情况变化押汇款项难以归还。除此之外，代付行还会面临进口商银行的信用风险。

三、出口发票融资

(一) 定义

出口发票融资是指汇款结算方式的国际贸易中，银行在未获得货权凭证时，凭出口商出具的列明货款让渡条款的商业发票，以货物的应收账款为第一还款来源，向出口商提供的贸易融资业务。

(二) 业务流程

它的业务流程简单的可分为以下几个步骤：

出口商与银行签订协议书；出口商将出口单据提交到银行办理，并提交申请书、贸易合同、商业发票和其他文件；银行审核后对融资款项发放处理；收到进口商支付的款项后，银行直接扣收用于归还融资款，余额（如有）部分入出口商账户，如融资到期仍未收到进口商付款，出口商应以自有资金偿还银行融资本息。

（三）风险防范

该业务一般用于对采用汇出汇款方式结算的出口贸易提供融资，且融资金额一般不超过发票金额的80%，银行对出口商保留追索权。在这样的情况下，便于出口商拓展国际市场，就可以增加贸易机会。同样，银行办理时也会遇到各种风险，如进口商的信用风险；进口商所在国的国家风险，出口商经营状况和财务情况发生变化导致融资款项难以归还；融资期限和融资金额不合理；单据不具备真实贸易背景等。

第五章

国际贸易融资：传统的贸易金融模式

根据《巴塞尔协议》第244条，贸易融资是指在商品交易中，银行运用结构性短期融资工具，基于商品交易（如原油、金属、谷物等）中的存货、预付款、应收账款等资产的融资。因此，与一般的贷款不同，贸易融资是自偿性很强的业务，有清晰的贸易背景和还款来源，并具备短期性、重复性、周转快、流动性强等鲜明的业务特点。在国际市场上，贸易融资业务已有三百余年的发展历史。

国际贸易融资作为一种围绕国际贸易结算的各个环节开展的资金和信用融通活动，既能缓解外贸企业融资难的问题，又能推动银行业务的拓展，对银企双方都有着积极的影响。随着经济全球化的进一步发展，作为传统贸易金融模式的国际贸易融资将进一步扩大进出口企业的交易机会，降低交易成本，促进国际贸易的增长。

第一节　概述

一、国际贸易融资的概念及类别

（一）国际贸易融资的概念

国际贸易融资是指银行对进出口商提供的与进出口有关的一切融资活动。它以该项贸易活动的现金流量作为进口商或出口商履约的资金来源，以算中的商业单据或金融单据等权利凭证作为进出口商履约的保证。它主具有以下特征：

（1）国际贸易融资是与进出口业务紧密相关。其融资对象仅限于进口商和出口商，只要贸易伙伴是外方，就可以成为国际贸易融资服务的潜在对象，而与行业特征和产品特征无关。当然，受行业及产品特征的影响，进出口商可以选择不同的国际贸易融资方式。

（2）国际贸易融资业务集中间业务与资产业务于一身。中间业务、资产业务和负债业务是现代商业银行的三大支柱，而中间业务更是商业银行现代化的重要标志。据统计，股份制商业银行近50%的中间收入是由国际业务带来的。国际贸易融资业务能带动国际结算业务的开展，进而带动中间业务的快速增长。国际贸易融资风险小、收效快，符合银行资产营利性、安全性和流动性的原则，且收益率高，利润丰厚。建立在国际结算基础上、作为国际结算业务延伸的国际贸易融资，由于其业务的前期属中间业务，业务过程中后期属资产业务，所以银行可以获得两方面的收入，即手续费和利差。其中手续费除纯粹的结算费用外，有时还可获得一定比例的汇兑收益及外汇交易费用等。

（3）国际贸易融资的技术性较强。受路径依赖的影响，长期进行国际贸易融资业务合作有利于培养良好的银企关系。银行和进出口商都是以追求利润为目标的企业，有着各自的利益。银行需要稳定的、信誉良好的企业，而企业也需要技术和资金实力的银行为其提供服务。通过这种服务，银行一方面可以证明自己的实力和资力，提高银行的可信度；另一方面也可以获得更多的业务。在得到满意的服务的前提下，进出口商也绝不可缺少能为其提供优质服务的银行，并带来供应链上的其他优质客户，进一步拓展和锁定了银行的客户群体。这就使双方的联系紧密起来，为双方今后开展其他方面的合作奠定了基础。

（4）国际贸易融资业务中汇集了汇率风险、流动性风险、市场风险、国家风险和法律风险。国际结算是银行典型的中间业务，以不占用银行的资金、风险低为基本特征。而国际贸易融资业务由于涉及资产业务，不仅存在风险，而且依结算方式的不同风险的高低也有区别。除所有融资业务都存在的信用风险、市场风险外，还有单据风险、运输风险、欺诈及政治风险等。因此，建立风险防范体系，采取有效的手段控制风险，是开展国际贸易融资业务的前提条件之一。如确定融资条件和标准，建立风险指标监督体系，使用外汇交易、利率互换等金融工具以保值或降低风险。

（二）国际贸易融资的类别

按照不同的标准，国际贸易融资可以进行以下不同的分类：

1. 按照服务的对象可以分为进口贸易融资和出口贸易融资

进口贸易融资指银行或金融机构直接或间接对进口商的融资，提供融资的主要是进口方银行或金融机构，包括开证授信开证、进口押汇、担保提货、进口代付和海外代付等。出口贸易融资是指银行或金融机构直接或间接为出口商提供的融资，提供融资的主要是出口方银行和其他金融机构，主要有打包放款、出口押汇、出口贴现、信保融资、出口退税账户托管贷款、订单贷款、发票融资、保理和福费廷等。

2. 按照融资的期限可以分为短期贸易融资和中长期贸易融资

短期国际贸易融资指1年以内包括1年的进出口贸易融资，主要适用于企业对资金流动和周转的需求，包括进出口押汇、票据贴现等融资方式。中长期国际贸易融资是期限在1~5年或5年以上的进出口贸易融资，主要适用于企业为改善其资本结构，弥补企业资金不足的需求，包括福费廷、出口买方信贷和出口卖方信贷。

二、国际贸易融资的作用

1. 鼓励进出口并促进国际收支平衡

国际贸易融资是一国贸易政策的组成部分，是国家鼓励出口的手段之一。在新的贸易保护主义和贸易自由化的大背景下，各国以更隐蔽的方式来支持和保护国内的出口企业。传统的国际贸易融资既不属于价格也不属于数量工具，只有结构贸易融资的出口信贷被视为非关税措施。显然，就传统的国际贸易融资来讲，它既达到了促进国际贸易发展的目的，又避免了受他国指责和遭诸如反倾销等的报复。即使是由于贷款条件中均附带限制性条款，即只限于购买债权国的商品，对进出口的两个国家来讲是互利的，贸易摩擦的可能性小。所以，国际贸易融资基本上是没有副作用和消极影响的低成本、高效率地促进一国对外贸易的发展。

2. 有效提高企业的国际市场参与率

国际贸易融资能鼓励企业在“引进来”的同时实现“走出去”，从而有效地促进一国参与到国际市场中。这种参与既包括商品市场的参与，也包括金融市场的参与。从前者来看，国际贸易融资通过多种方式向进出口商提供金融服务，在提高企业的资金可获性的同时，能凭借优惠的信贷条件和有竞争力的支付条件，接受更多的订货，从而提高国际竞争能力，占领并拓展新的市场，在世界经济中扮演更重要的角色。从后者看，国际贸易融资属于国际银行的业务，需要国际银行之间的配合。实践表明，随着中外银行合作的深入，业务往来不再仅限于结算、融资，而是扩大到几乎所有的金融领域，包括货币市场和资本市场等，使银行有更多的机会步入国际舞台，并发挥更重要的作用。

3. 有效引进竞争并加速商业银行的金融创新

国际贸易融资是外汇银行围绕着国际结算的各个环节为进出口商提供的资金便利的总和。与其他业务不同的是，国际贸易融资业务集中间业务与资产业务于一身，无论对银行还是对进出口企业均有着积极的影响，已成为许多国际性银行的主要业务之一。有的银行设在国外的分支机构，主要的业务就是开展国际贸易结算与融资，其业务收入可占到银行总收入的八成。此项业务的发达程度与否，已被视为银行国际化、现代化的重要标志。外资银行首先是在中国开展跨国公司的国际结算，然后是做所有外币的贸易结算，接着是做中国公司的本外币贸易结算，现在才开始人民币零售业务。外资银行在国际业务方面有相当的市场实力和产品优势，比如在上海地区，大概有一半以上的国际业务是被外资银行瓜分的。中资银行在国际业务方面很早就和外资银行直接竞争，在竞争过程中，中资银行逐渐提高了能力，外资银行也了解了中国。

目前国内开展国际贸易融资业务的银行的数量众多，要提高市场份额和利润额就迫切需要加速国际贸易融资领域的金融创新，这就需要加大行业研究力度。在贸易融资创新中适销对路和风险可控是前提，以供应链为基础的贸易融资业务创新要求银行必须加大行业研究力度和深度。不仅要能把握行业走势、控制行业风险，更要加大对行业客户特点、交易流程及运作模式的研究，深入了解供应链各节点的需求及风险控制手段，以“嵌入”方式设计行业类整体解决方案。

第二节　国际贸易融资中的企业价值链分析

价值链是由哈佛大学商学院教授迈克尔·波特提出的。波特认为企业是资源、能力的组合体，将企业作为一个整体考虑无法识别竞争优势。竞争优势来源于相互分离的、单独的、具体的活动。这些活动处于不同的环节，具有不同的性质和作用，但共同的作用就是创造价值，所以可以把它们称为价值活动。这些活动贯穿了企业从原材料采购到最终产品及其消费的整个过程这些价值活动构成了企业的价值链。

国际贸易融资的价值链则包括两个方面：

（1）银行与其上下游，即包括供货商、出口商、出口方银行、进口方银行进口商、销售商（代理商、经销商、批发商、零售商、有时我们还加上保理商、担保行等类似机构）在内的一个整体，他们之间的利益需求。

（2）银行内部推行某种融资产品过程中，各方如何配合。作为提供资金的一方（如银行、保理商及担保行等），他们承担额外的风险，给需要资金的一方（供货商、出口商、进口商、销售商）提供资金，其目的是获得收益。这种收益包括各种手续费、利息收入、贴现收入、汇兑收益，对于银行还加上这几方在银行沉淀的存款。需要资金的一方通过提前收入现金，增加流动资金，提高资金周转。因此它们之间形成了供需链条，而连接这个链条的是信用，包括商业信用和银行信用。在从供货商—出口商—进口商—销售商这条价值链上，当任何一方存在资金缺口，并拥有商业信用或者有其他机构（如商业机构、银行、国家，或实物蒙拐骗说造成的集群内总福利的损失就是一种典型的“内生交易费用”（杨小凯）。既然是内生的，就有可能通过制度的创设、习惯的形成而减少。而“信用链”作为连接上下游企业之间信息共享的中间的体制，很好地解决了生产过程中当信息不对称时，因内生的交易费用而不能实现的互利交易。在“信贷配给”的前提下，为了获得支持企业发展的外部资本，财务制度尚不健全的“信用链”内的中小企业可能会通过披露虚假信息等不正当手段。这种利用信息不对称欺骗可以暂时获得更多的贷款配额，却构成了对链上所有企业信誉度的破坏。对不守信用的行为实行长期惩罚是信誉形成的基础，因此“信用链”有效的约束机制使中小企业出于对长期信誉的考虑可以把非合作对策产生合作的结局。

正如威廉姆森所指出的那样，在企业与市场这两种制度之间，出现了第三种组织形式，即“组织间协调”或“中间性体制”。贸易融资链就是大中小企业信息共享的一种中间组织。根据中间层理论的主要论点，中间层的引入可以改变交易利益的均衡水平，甚至改变直接交换的交易成本。诺思也曾指出，制度变迁的成本与收益之比对于促进或推迟制度变迁起着关键作用，只有在预期收益大于预期成本的情况下，行为主体才会去推动直至最终实现制度的变迁。对于信用链的构建而言，其成本即是大企业监督中小企业财务信息质量的支付，而其收益则表现在以下方面。

（1）贸易融资链减少了中小企业与金融机构之间直接讨价还价的成本。信息是不确定性的度量，信息具有经济价值，经济行为人花费成本才能获得信息并利用信息，一个竞争的世界在研究和开发信息方面投资不足，如何配置稀缺的资源使获得信息最大化，是现实也是经济学至关重要的问题。经济史尤其是当代经济产业的发展，充分证明了这一点。从信息角度看信息的不完备或不对称决定了交易成本的存在，如何配置信息在很大程度上决定了市场竞争和资源配置的效率。将贷款交给信用链集中地处理，可以产生生产和分配其信息的规模经济效应。比格莱斯发现，在逆向选择市场上引进中间层组织可以增进效率。而信用链作为连接企业和金融机构的中介组织，不仅在收集和披露信息方面享有优势，还能以信誉和有约束力的合同为基础来保证所提供信息的准确性。

金融机构作为资金供给方通常难以观察到中小企业作为资金需求方所提供的财务信息的真实性，也难以把握中小企业对于资金运作项目的流程，风险及行业的前景。金融机构若要对中小企业的这些隐蔽信息调查和掌握，是需要投入成本的。而建立信用链以后，金融机构就可以依赖信用链的信誉不必去调查大量中小企业的财务状况，尤其是信用链可以通过一定的合同条款起到替中小企业担保财务信息质量的作用。由于处于信用链上游的大企业一般要与多家金融机构打交道，并且存在着关系型融资的效应，所以一旦在对中小企业财务信息披露的监督过程中失职或弄虚作假，就会失去长久以前所建立的信誉，从而会对自身向金融机构贷款的前景产生消极的影响。但反过来说，如果大企业对中小企业的财务信息质量监督很负责，则会产生信用链的良性循环效应，即企业信誉的社会效应。信誉作为企业生存要素中浓缩了的重要素，综合反映了企业内在素质，外在表现和市场竞争实力等，这种反映动态地作用于相关社会现象。在相关社会现象地认同过程中，形成一种无形的潜在的综合价值场，其内在价值含量是企业其他相对独立地有形生存要素无法比拟的。

（2）贸易融资链上的大企业之所以有动机来监督中小企业财务信息的质量，原因在于建立信誉是有回报的，这种可以获得交易的回报，由于信息不对称的原因，以前是会丧失的，而且这种回报会随着交易规模的扩大而不断增加。因为融资信用链对提升中小企业在信贷市场中地位的同时，有效化解了自身的信贷风险，从而为信用链内的其他企业获得更多额度地贷款提供了保证。

（3）以价值链和供应链为基础的贸易融资链，是有一定的物质技术基础作为保障的。随着厂商共生环境的变化，信用链越发达，信用链内厂商之间的交换效率要比信用链高。第二次世界大战后大企业扩张过程显示，在与中小企业合作过程中可以获得多重收益：充分利用中小企业的精、专、特的优势；获取廉价的优质零部件；工艺分包的合作收益等。因此，大企业与中小企业的关系发生了变化：由传统的直接竞争转变为迂回竞争或合作竞争，这会直接带来双赢的良好局面。

第三节　国际贸易融资的传统模式

一、进出口押汇

（一）进口押汇

银行在收到信用证或进口代收项下的单据时应进口商要求向其提供的短期资金融通，即企业（开证申请人）在银行给予减免保证金的情况下，委托银行开出信用证，在单证相符需对外承担付款责任时，由于企业临时资金短缺，无法向银行缴足全额付款资金，经向银行申请并获得批准后，由银行在对企业保留追索权和货权质押的前提下代为垫付款项给国外银行或出口商，并在规定期限内由企业偿还银行押汇贷款及利息的融资业务。

对于规模较小，资金周转有困难的进口企业来说，进口押汇可以减少资金占压，因为在办理进口开证、进口代收后继续做进口押汇，等于完全利用银行的信用和资金进行商品进口和国内销售，不占压任何资金即可完成贸易、赚取利润。而当进口企业无法立即付款赎单时，进口押汇还可以使其在不支付货款的条件下取得物权单据、提货、转卖，从而抢占市场先机。此外，进口押汇还具有优化资金管理的功能，如进口企业在到期付款时遇到更好的投资机会，且该投资的预期收益率高于贸易融资的利息成本，使用进口押汇，既可保证商品的正常购买、转售，又可同时赚取投资收益，从而实现资金使用效率的最大化。

进口押汇一般包括以下类型：

（1）信用证单据的押汇：进口商根据信用证的要求，将信用证上面所列的各种单据和信用证交给银行进行短期借款，实际上就是用信用证的单据抵押给银行。

（2）远期信用证承兑的押汇：进口商的远期信用证业务，得到开证银行承兑通知，进口商利用远期信用证的承兑通知，向银行申请短期借款。

（3）远期银行承兑汇票的贴现：用远期银行承兑汇票作为抵押品的短期借款。进口商拿到了一张未到期的已承兑的远期银行汇票，可以作为抵押给银行进行借款。

（二）出口押汇

出口押汇是指在出口商发运货物并向银行交来信用证或合同要求的单据后，银行应出口商要求向其提供的以出口单据为抵押的资金融通业务。企业（信用证受益人）在向银行提交信用证项下单据议付时，银行（议付行）根据企业的申请，凭企业提交的全套单证相符的单据作为质押进行审核，审核无误后，参照票面金额将款项垫付给企业，然后向开证行寄单索汇，并向企业收取押汇利息和银行费用并保留追索权的一种短期出口融资业务。

出口押汇可以使出口商在进口商支付货款前就提前得到偿付，融资手续便利，能增加当期的现金流入量，改善现金状况。同时出口企业还可以根据本外币的不同利率水平或汇率水平选择本币或外币融资，从而规避汇率风险，并进一步提高资金收益。

出口押汇主要包括：

（1）出口托收押汇指采用托收结算方式的出口商在提交单据、委托银行代向进口商收取款项的同时，银行凭托收单据提供给出口商的短期资金融通。

（2）出口信用证押汇指出口商（信用证受益人）发运货物后按信用证要求制备单据，提交银行申请议付，银行审单后提供给出口商的短期资金融通。

二、未来货权质押开证

未来货权质押开证是指企业采用信用证结算方式进口银行认可的商品时，在向银行交纳一定比例的保证金后，对保证金之外部分以信用证项下未来货权作为质押而开立信用证。该融资方式可以在没有任何其他抵、质押物或保证金的情况下，从银行减免保证金开证，或使进口企业利用少量保证金扩大采购规模，在商品价格上涨的情况下获得杠杆收益，也有可能因为信用证方式一次性大量采购商品而从卖方获得较高折扣，提前锁定价格，防止涨价风险。货权质押的方式包括两种：一种是抵押物在质押期间不发生变动的静态货权质押；另一种是抵押物在质押期间发生变动的动态（滚动）质押。

货权质押业务特点主要有以下几方面：

（1）融资以物权控制为核心。该业务中开证行一般与仓储物流公司和进口商签订三方协议。物流公司作为进口货物监管方办理提货通关手续，并签发以开证行为记名人的《进仓单》，《进仓单》实质上是法律文本，从法律上确认了该货物的所有权属于开证行，从而使得开证行承兑或押汇融资有了有效的资产保证。

（2）资金流、物流和信息流相互关联制约。在融资过程中货权首先为开证行所控制，进口企业往往通过寻找买家等形式，将提前获得的一部分资金打入开证行，开证行见款后向货物监管方发出放货指令，进口企业提货，货物流转回企业。融资链条如此循环，资金流、物流和信息流相互制约，互为条件，银行融资风险得到有效的控制。

（3）自偿性融资模式。货权质押是进口货物尚未发运前，开证行以进口货物本身为质押，对进口企业的融资，解决了企业在担保资金不足的情况下融资求。资金流与货物流相互捆绑，业务单笔操作，封闭运行，进口货物既是融资质押标的，又是企业还款的来源。

尽管货权质押融资是目前贸易融资业务中的新锐，但是任何金融创新产品都具有两面性，在创造收益的同时，其蕴藏的风险也不可小觑，特别是在我国经济金融法规制度尚不完备的情况下，潜在的风险可能会进一步放大。货权质押的优点在于进口货物尚未发运，企业便从银行获得了资金支持，客观上使得进口企业在与国外出口商交易中具有一定的议价优势，但这个优点也正是该项业务风险集结点，质押物质量、价格等相关因素的变化直接关系到开证行的授信风险，信用证纠纷随之爆发。

三、打包贷款

打包放款是指出口企业以收到买方银行开立的信用证正本作为还款凭据，向国内银行申请的一种备货装船前的短期融资业务。又称为信用证抵押贷款，即出口商收到境外开来的信用证，但出口商在采购这笔信用证有关的出口商品或生产出口商品时，资金出现短缺，用该笔信用证作为抵押，向银行申请本、外币流动资金贷款，用于出口货物进行加工、包装及运输过程出现的资金缺口。打包放款有效解决出口商备货过程中进货、备料、生产和装运等环节中出现的资金不足问题，并有效减少资金占压，提高出口企业的资金使用效率。

与其他国际贸易融资方式相比，打包贷款所要求的条件比较苛刻。

（1）在本地区登记注册、具有独立法人资格、实行独立核算、有进出口经营权、在银行开有人民币账户或外汇账户的企业。

（2）出口商应是独立核算、自负盈亏、财务状况良好、领取贷款证、信用等级评定 A 级以上。

（3）申请打包放款的出口商，应是信用证的受益人，并已从有关部门取得信用证项下货物出口所必需的全部批准文件。

（4）信用证应是不可撤销的跟单信用证，并且信用证的结算不能改为电汇或托收等其他的结算方式，开证行应该是具有实力的大银行。

（5）信用证条款应该与所签订的合同基本相符。

（6）最好能找到另外企业提供担保，或提供抵押物。

（7）出口的货物应该属于出口商所经营的范围。

（8）信用证开出的国家政局稳定。

（9）如果信用证指定了议付行，该笔打包放款应该在议付行办理。

（10）信用证类型不能为可撤销信用证、可转让信用证、备用信用证、付款信用证等。

（11）远期信用证不能超过 90 天。

四、福费廷

福费廷是指银行从出口商手中无追索权地买断通常由开证银行（或保兑银行）承兑的远期汇票或单据，而给予出口商的融资业务。也称为无追索权的融资，又称买断，包买票据，英文名称为“Forfeiting”，但“Forfaiting”也有使用，源于法语的“àforfait”，本来是“放弃权利”之意。福费廷是一种为出口商贴现已经承兑的、通常由进口商方面的银行担保的远期票据服务，属票据融资。通过以无追索权的方式买断出口商的远期债权，融资银行或大金融公司对已经信用证开证银行承兑的远期汇票向信用证受益人（出口商）提供票据贴现，这样出口商能够立即回笼资金，使出口商在获得出口融资的同时，消除了出口商因远期收汇风险及汇率和利率带来潜在风险。在国内也将这种方式称为包买票据业务，而融资商通常被称为包买商。

福费廷可以让出口商无追索权地收到银行付款，并立即办理出口核销手续和办理出口退税，有助于改善企业资产负债表的质量，减少企业的应收账款，并增加现金流量。出口商享受固定利率和无追索权贴现，并将一定的成本纳入销售价格，同时又将所有信用风险、汇率风险、国家风险转嫁给包买商。

福费廷一般具有以下特点：

（1）福费廷业务中的远期票据产生于销售货物或提供技术服务的正当贸易，包括一般贸易和技术贸易。

（2）福费廷业务中的出口商必须放弃对所出售债权凭证的一切权利，做包买票据后，将收取债款的权利、风险和责任转嫁给包买商，而银行作为包买商也必须放弃对出口商的追索权。

（3）出口商在背书转让债权凭证的票据时均加注“无追索权”字样（Without Recourse），从而将收取债款的权利、风险和责任转嫁给包买商，包买商对出口商、背书人无追索权。

（4）福费廷业务融资期限可以是短期或长期，按照票据的期限一般在1~5年，属中期贸易融资，但随着福费廷业务的发展，其融资期限扩充到1个月至10年不等，时间跨度很大。

（5）传统的福费廷业务属批发性融资工具，是100%合同金额的融资，融资金额由10万美金至2亿美金，可融资币种为主要贸易货币。

（6）包买商为出口承做的福费廷业务，大多需要进口商的银行做担保，没有官方出口信贷担保机构或私人保险公司的担保或保险。

（7）固定利率融资。

（8）出口商支付承担费（Commitment Fee），在承担期内，因为包买商对该项交易承担了融资责任而相应限制了他承做其他交易的能力，以及承担了利率和汇价风险，所以要收取一定的费用。

福费廷的主要操作流程包括：

（1）出口商（收益人）与进口商（申请人）商谈签订贸易合同。

（2）进口商（申请人）向所在银行（开证银行）申请向收益人（出口商）开立远期信用证。

（3）出口商（收益人）所在银行收到远期信用证并通知信用证收益人。

（4）出口商（收益人）安排货物出运并向银行交单。

（5）出口商（收益人）将远期信用证无追索权地售予出口商所在银行。

（6）出口商可按商订时间获得资金，不必等到信用证到期。

第四节　国际贸易融资的新进展

一、出口应收账款池融资

出口应收账款池融资，是指银行受让国际贸易出口商（客户）向国外进口商销售商品形成的应收账款，并且在所受让的应收账款能够保持稳定余额的情况下，结合出口商主体资质、经营情况、抗风险能力和应收账款质量等因素，以应收账款的回款为风险保障措施，向出口商提供融资的短期出口融资业务。

该产品特别适合于长期向国外多个固定的买家出口货物；出口收汇记录良好且保有相对稳定的应收账款余额的中小企业。企业将连续、多笔、单笔金额较小的应收账款汇聚成“池”，整体转让予银行，即可从银行获得融资支持。

零散、小额的应收账款也可汇聚成“池”申请融资，无须其他抵押担保，只要应收账款持续保持在一定余额之上，企业可在核定的授信额度内，批量或分次支取贷款，一站式融资，手续简便。企业可享有专业的出口应收账款管理服务，准确把握收款情况，节约企业管理成本。并且可帮助企业盘活应收账款，加速资金周转，以便把握更多商机。

出口应收账款池融资业务六个步骤分别为：

（1）买卖双方签订贸易合同，卖方（出口方）向境外买家提供赊销。

（2）客户积累应收账款（连续向银行交单），并办理应收账款转让手续。

（3）银行接受应收账款转让，向买方通知转让事宜和回款路径。

（4）银行代客户将单据寄送至境外买家。

（5）银行在额度内向客户提供授信出账。

（6）境外买方将款项按通知路径汇至银行回款账户，回款或偿还贷款，或划入客户结算账户（符合池结构管理比例时）。

二、出口退税池融资

出口退税池融资也是银行和商务部、税务机构合作推出的一种融资新产品，是指出口商将应退未退的出口退税款累积成“池”，质押给银行而获取的短期融资的服务。只要是经营规范，在金融、海关、税务、外汇管理等方面记录良好的出口企业，在银行开立出口退税专用账户之后，仅凭累积形成的应退未退出口退税款质押给银行，即可获得融资，最高融资额度可达9成，且无须额外提供抵押、担保，也无须交纳保证金。目前在国内最早推出该项业务的是深圳发展银行。

以建设银行推出“出口退税池融资”（“融税通”）业务为例，该行对出口企业出口退税专用账户进行托管的前提下，根据企业应退未退税款，建立企业“出口退税池”，并基于该“出口退税池”向其提供短期贷款的综合金融服务。

根据出口退税申报流程，对传统出口退税融资业务进行了创新，选择了企业出口退税款的四个确认时点，并由此衍生出四种“融税通”模式：

（1）借款申请人向税务部门递交材料进行正式申报，并已取得税务部门或其他建行认可的机构出具的应退未退税证明文件，基于此种应退未退税池的融资称为第一种模式的“融税通”融资。

（2）借款申请人已完成收汇核销工作并备齐向税务部门进行正式申报的相关材料，但尚未向税务部门递交正式申报材料，基于此种应退未退税池的融资称为第二种模式的“融税通”融资。

（3）借款申请人已通过建行完成收汇但尚未核销，基于此种应退未退税池的融资称为第三种模式的“融税通”融资。

（4）借款申请人货物已报关出口但尚未收汇，基于此种应退未退税池的融资称为第四种模式的“融税通”融资。

三、顺向贸易链融资模式

这是一种组合型国际贸易融资模式，即在进口环节为企业开立可控货权信用证，并根据其信用证付款期限与国内赊销期的匹配情况适时发放融资款用于向外支付，与此同时监控证下货物交付国内买方，取得国内买方付款确认，买方到期付款偿还信用证项下融资。在此模式下，可通过国内保理、国内信用证、票据等产品为贸易链下游买家提供融资，并以此偿还进口开证项下的融资款。顺向贸易链融资模式主要由银行介入进口企业与国内买方的赊销关系，解除企业对买方信用的担忧，为企业向国内买方赊销提供了条件，有利于扩大销售，同时在整个进口流程中使企业可充分利用信用融资支持，以小资金启动大业务。

1. 组合一：未来货权质押开证＋国内保理

（1）开立可控货权信用证。

（2）货到后由第三方物流代为通关并监管货物。

（3）银行指示监管方向下游经销商交付货物。

（4）经销商确认应付账款。

（5）进口商将应收账款债权转让给银行。

（6）银行叙做国内保理支付信用证款项。

（7）经销商到期付款偿还保理融资款。

2. 组合二：进口物流融资＋国内信用证

(1) 银行为客户开立可控货权信用证。

(2) 货到后由第三方物流代为通关并监管货物。

(3) 为下游买方开出国内信用证。

(4) 监管方按国内证要求制作单据交单。

(5) 国内证到期付款，偿付进口信用证支付或融资。

四、逆向贸易链融资模式

这也是一种组合融资模式，主要以采购项下的货物为保障为进口商的国内买方办理国内信用证或票据包买（商票保贴）业务，以此为支撑为进口企业免保开证及融资，融资到期以国内买方付款偿还融资。该方式除为进口企业提供业务周转的资金融通外，在企业进口之前就由国内下游买方出具信用工具，充分保障了国内买方的付款信用。

1. 组合一：国内信用证＋进口物流融资

(1) 银行为下游买方开立国内信用证。

(2) 以国内证为保障开立可控货权进口信用证。

(3) 进口信用证项下单据到达后由监管方代为报关报检。

(4) 货物交付下游买方，进口商在国内证下交单向下游买方收取货款。

(5) 国内证到期，收得款项用于偿还进口信用证项下付款与融资。

2. 组合二：商业承兑汇票＋进口物流融资

(1) 下游买方开立进口商为收款人的商业承兑汇票。

(2) 办妥商业承兑汇票质押手续。

(3) 为您开立可控货权进口信用证。

(4) 信用证项下单据到达后由监管方代为报关报检并交付到下游买方。

(5) 办理商票托收，收得款项用于偿付进口信用证付款或融资。

五、国际保理

国际保理是近一二十年发展起来的一种新兴贸易结算方式。国际保理又称为承购应收账款，指在以商业信用出口货物时（如以 D/A 作为付款方式），出口商交货后把应收账款的发票和装运单据转让给保理商，即可取得应收取的大部分贷款，日后一旦发生进口商不付或逾期付款，则由保理商承担付款责任，在保理业务中，保理商承担第一付款责任。若保理商对上述预付款没有追索权，对余款也要担保付款，即称之为无追索权保理，反之则为有追索权保理。国际保理是银行作为保理商为国际贸易记账赊销方式（OPEN ACCOUNT，缩写 O/A）提供出口贸易融资、销售账务处理、收取应收账款及买方信用担保合为一体的综合性金融服务。

常见的还有融资保理及到期保理（到期保理指出口商将其应收款出售给保理商后，保理商在发票到期日从债务人手中收回债款，扣除服务费后，把款项付给出口商）。国际保理服务的范围主要有：资金服务、信用保险服务、管理服务、资信调查服务等。

从广义范围看，它是指保理商为国际贸易中采用赊销（O/A）或跟单托收承兑交单（D/A）结算方式时，为卖方提供的将出口贸易融资、账务处理、收取应收账款和买方信用担保融为一体的综合性金融服务。根据 1995 年生效的国际统一私法协会《国际保付代理公约》第 2 条的规定，保理是指一方当事人（供应商）与另一方当事人（保理商）之间存在的一种合同关系。根据该合同，卖方（供应商）将根据其现有或将来的基于与买方（债务人）订立的货物（服务）贸易销售合同所产生的应收账款转让给保理商，由保理商为其提供下列服务中的至少两项：(1) 贸易融资；(2) 销售分户账管理；(3) 应收账款的催收；(4) 信用风险控制和坏账担保。

按参与保理业务的保理商的多少，国际保理可分为单保理和双保理。前者指由同一保理商在出口商、进口商之间进行保理业务；后者指两个不同保理商通过业务连接分别与本地区的出口商或进口商操作保理业务。各种保理业务都是以保理协议为基础的，如在双保理中，包括出口商与出口保理商之间的出口保理协议和出口保理商与进口保理商之间的相互保理协议。保理协议以出口商与进口商之间的买卖合同为前提。国际保理法律关系的核心内容是债权转让关系，即保理商通过保理协议从出口商购买了应收账款，并作为新债权人以自己名义向进口商催收账款。

第六章

供应链金融：贸易金融发展的新阶段

融资仍然是当前多数企业的首要金融需求。然而占国民经济95%以上的中小企业却普遍存在贷款难的问题。中小企业融资难，难在缺乏“好报表”和银行传统观念下的抵押担保品。供应链金融创新性地将中小企业的流动资产作为抵、质押品，捆绑供应链上核心企业信用，并通过自偿性技术手段降低融资风险，为中小企业开辟了多元化的融资通道。供应链金融使中小企业摆脱了抵押品匮乏和信用等级低下的融资弱势，因为良好的交易模式和盈利模式有利于降低中小企业融资的门槛，这让本来只为进出口企业服务的贸易金融业务又步入了一个新的发展阶段。

第一节　供应链金融的概念及构成

根据国内开展供应链金融业务最早的深圳发展银行的定义，供应链金融是指在对供应链内部的交易结构进行分析的基础上，运用商品贸易融资的自偿性信贷模型，并引入核心企业、物流监管公司、资金流导引工具等新的风险控制变量，对供应链的不同节点提供封闭的授信支持及其他结算、理财等综合金融服务。通俗地讲，供应链金融就是银行通过分析供应链和每一笔交易，借助核心企业的实力，以及存货、应收账款等动产担保物权，为供应链上的单个企业或上下游企业链条提供融资、结算、理财等全面金融服务。深圳发展银行还创新性地提出了“1＋N”供应链金融的融资理念。“1”即有一定资产规模和市场份额的核心企业，“N”即与核心企业有生产合作或者销售往来的上下游企业。“1＋N”的逻辑在于：利用“1”与供应链其他成员利益关联及其在供应链中的强势谈判地位，引入“1”的信用开展对“N”的金融服务；同时，利用对“N”的面向贸易环节的金融服务，以及“N”与“1”之间的贸易、结算关系，进一步深化“1”对主办银行的依赖，并创造对“1”开发的更多机会。由此可以看出，供应链金融实质上就是信息流、资金流和物流的融合，商业银行在信贷过程中利用对资金流、物流的监控转化为对信息流的监控，而核心关注点仍是贷款的“自偿性”。资产规模偏小的中小企业的评级很难，开展供应链金融业务的银行要降低信贷风险，并实现贷款的“自偿性”，只能从票据业务入手来控制中小企业的交易背景，在对中小企业的服务兑现中筛选优质客户。与传统的信贷模式相比，供应链金融更侧重于企业的商业交往能力以及其在供应链中的地位，而商业银行通过结构化设计与授信安排，可以为企业提供更加个性化的授信方案并能达到回款的目的。与直接控制贷款企业的传统信贷模式相比，供应链金融更侧重于通过对上下游交易对手的控制来实现间接授信额度。

根据企业在供应链条中的地位，可以将供应链金融业务分为国内供应商金融解决方案和国内经销商金融解决方案。

一、国内供应商的金融解决方案

作为大公司供应商的中小企业由于交易地位的弱势往往要付出赊销和低价贸易的代价。与此同时，日益增加的订单、市场份额的扩张往往使得资金缺口进一步加剧，例如，对强实力的买方提前供货、押后收款，以及提前备料的预先支出。这时资金的可获性对于企业未来的发展能力是至关重要。在商业银行为供应商提供的供应链金融服务中主要包括供应商、境内原材料生产商、初级产品生产商、物流企业、境外买家和终端产品生产商等构成主体。主要融资模式主要包括：商票保贴、标准仓单质押、动产抵押和国内保理。

（一）商票保贴

商票保贴即商业承兑汇票保证贴现，它是商业银行根据企业申请开立商业承兑汇票保证贴现书函，承诺为其签发并承兑、背书转让或持有的商业承兑汇票办理业务，即给予保贴额度的一种授信业务。商业银行既可以给予出票人授信额度，对其额度内签发并承兑的商业承兑汇票给予保贴，也可以对贴现申请人（持票人）授予保贴额度，对其持有的或经其背书转让的商票予以保贴。该模式的构成主体主要包括商业银行、供应商及其主要客户。

商票保贴可以提高商业承兑汇票的接受程度和支付功能；贴现流程相对便捷，没有银行承兑汇票的查询环节；持票人只要有真实的贸易背景，就具备等同于现金的流动性和融资能力；使用该项业务的企业，可以利用交易方良好、透明的资信度使供应商免于提供其他抵押和担保。

（二）动产质押融资

动产质押融资是指企业或个人以银行认可的货物为质押申请融资。企业或个人将合法拥有的货物交付银行认定的仓储监管公司监管，不转移所有权。企业既可以取得融资，又不影响正常经营周转。主要构成方包括：银行、供应商和监管方。

动产质押可采用逐批质押、逐批融资的方式，企业需要销售时可以交付保证金提取货物，也可以采用以货易货的方式，以符合银行要求的、新的等值货物替代打算提取的货物。对于客户而言，由于可以以货易货，因此质押设定对于生产经营活动的影响相对较小。特别对于库存稳定的客户而言，在合理设定质押价值底线的前提下，授信期间内几乎无须启动追加保证金赎货的流程，因此对盘活存货的作用非常明显。对于银行而言，该产品的保证金相对较小，以货易货的操作可以授权第三方物流企业进行，因此操作成本也不高。

(三) 标准仓单质押

标准仓单质押授信是指客户以自有或第三人合法拥有的标准仓单为质押的授信业务。标准仓单是指符合交易所统一要求的、由指定交割仓库在完成入库商品验收、确认合格后签发给货主用于提取商品的、并经交易所注册生效的标准化提货凭证。

该产品适用于通过期货交易市场进行采购或销售的客户，以及通过期货交易市场套期保值、规避经营风险的客户。其主要构成主体包括：银行、期货交易所、期货经纪公司和客户。

对于客户而言，相比动产抵、质押，标准仓单质押手续简便、成本较低。对银行而言，成本和风险都较低。此外，由于标准仓单的流动性较强，也有利于银行在客户违约的情况下对质押物的处置。

(四) 国内保理

国内保理是指卖方企业将国内贸易产生的应收账款转让给银行，从而获得应收账款风险承担和融资的业务。商业银行可以在此基础上为卖方提供应收账款账户管理、应收账款催收和管理等服务。主要构成主体包括银行、供应商和买方。

国内保理可以通过出让应收账款取得银行支付的对价，免除供应商的应收账款的收款风险。此业务还可以在没有其他抵押、担保的情况下帮助供应商获得融资，加速资金周转。通过将应收账款管理和催收外包给银行，以避免影响和下游客户的关系，并可以优化财务报表，改善资产结构和现金流。保理业务支持多种融资方式，便于企业灵活选择合适的融资品种，合理控制财务成本。很多银行都引入了“应收账款池”的融资概念，也就是由供应商将一个或多个国内的不同买方、不同期限和金额的应收账款全部转让给银行并汇聚成“应收账款池”，即可获得超过单笔应收账款期限、形式灵活多样的融资，且融资期限可以突破单笔应收账款的金额和期限，进一步降低企业资金管理的难度。

二、国内经销商的金融解决方案

由于国内供应链业务的迅速发展，一些作为大公司重要销售商的中小企业，在供应链的合作过程中需要配合执行核心企业的销售政策，备足资金抢前备货迎接旺销时节的来临。通常核心企业在整个供应链条中具有较强的议价能力，或者正处于发展阶段的核心企业为了降低市场风险往往采取以销定产，这就给作为经销商的中小企业带来了一定的资金压力。而经销商由于所售商品的地区需求的差异较大，商品销售的季节性强，竞争对手集中，与生产厂商的紧密度不够等原因导致向银行的融资成本较高。经销商往往需要提前囤货，以及批量销售和适量的赊销，形成大量的资金占压。在商业银行为经销商提供的供应链金融的融资模式中主要包括先票后货的融资模式，担保提货的融资模式和国内信用证，构成主体主要包括银行、供应商、经销商和第三方物流监管方。

（一）先票后货

先票后货是指客户（买方）从银行取得授信，在交纳一定比例保证金的前提下，向卖方支付全额货款。卖方按照赊销合同以及合作协议书的约定发运货物，货物到达后设定抵质押，作为银行授信的担保。

对于客户而言，先票后货的融资模式不仅增加了其采购能力，相对降低了采购成本，而且有利于扩大销售量，因为货物的及时到达增加了其下游买家的购买信心。由于银行的授信支持保证了资金的及时到位，还可以加强经销商与厂家的紧密合作程度，有助于提高其在当地的市场占有率。先票后货的融资模式有助于核心企业的销售资金快速回收，对作为生产商的核心企业来说，货物前移，可以增强消费者的关注度，同时也增加了对其他生产厂商的威胁，有利于提高市场占有率并解决了厂家直销的应收账款回收问题，提高了经销商的违约成本，加强了经销商对厂家的依赖程度。银行对经销商的资金支持和其他金融服务可以进一步开发上游核心企业业务资源，这主要取决于核心企业和诸多经销商之间的贸易链条的延伸。

（二）担保提货

担保提货是指商品买方从银行取得授信，用于支付预付货款。当买方需要提货时向银行补充保证金，商品卖方按照银行指示为买方办理提货的融资模式。在该模式下，若买方最终未能向归还银行支付的融资款，则卖方对差额部分承担付款责任，该业务又称为卖方担保买方信贷或厂商银。

当经销商的预付款占压大量资金，需要增加资金锁定货源或者希望减少存货的管理成本时，可以选取担保提货的融资模式。对于经销商而言，大批量的采购可以压低进货的价格，“淡季大款、旺季销售”的模式有利于提高利润点。同时，由于不需要对采购货物采取第三方仓储监管，减少了操作成本。而对厂商而言，银行帮助经销商的一次性付款，可以缓解流动资金的瓶颈，帮助解决厂家因为排产而无法一次性发货的问题，而对未来销售对象的锁定，还可以降低生产的市场不确定性风险。对于银行而言，将卖方和物流监管合二为一，简化了风险控制的维度。同时，引入卖方发货不足的退款责任，实际上直接解决了抵质押物的变现问题。

（三）国内信用证

国内信用证是适用于国内贸易的一种支付结算方式，由开证银行依照申请人（购货方）的申请向受益人（供货方）开出的有一定金额、在一定期限内凭信用证规定的单据支付款项的书面承诺。包括即期付款和延期付款两种方式。国内信用证作为流动资金贷款和银行承兑汇票的一定程度的替代品，可以拓宽客户融资渠道，有效缓解客户的资金压力。其在供应链金融中的运用范围包括：

（1）需要控制资产负债率的企业，如上市公司、存在大量预付账款或者应收账款导致负债率偏高的企业。

（2）买卖双方信任度不高，需要借助银行信用完成交易。

（3）涉及交易金额较大的大宗商品交易，有固定的交易模式，要求现款交易的商品如钢材、汽车贸易等。

对于经销商来说，国内信用证可以促进合约的履行，通过开证规定履约期限，制约卖方按时交货，避免其他结算方式下卖方因市场价格上涨而不履约给买方造成损失；而以一定比例的保证金开出全额信用证，可以加速买方的资金周转。对于生产商来说，国内信用证可以保证收回货款，促进合同的履行，可以利用银行信用的支持，降低资金成本，避免经营损失并获取更大的规模收益。对于银行来说，国内信用证是有条件的付款承诺，必要情况下可以通过物流监管企业的协议，以信用证下的货物为质押，加强银行对授信风险的控制，同时还可以获得中间业务收入和一定的存款沉淀。

第二节 供应链金融的本质

一、供应链金融：信用—引致型金融创新

所谓供应链金融，是对一个产业供应链中的单个企业或上下游多个企业提供全面金融服务，以促进供应链核心企业及上下游配套企业“产—供—销”链条的稳固和流转畅顺，并通过金融资本与实业经济的协作，构筑银行、企业和商品供应链互利共存、持续发展的产业生态。供应链金融能形成一个链条群，扩大客户服务面，

在提升企业信用、方便企业采购、促进存货周转，以及给与账款回收支持等方面，有针对性地为企业提供服务支持。供应链金融是商业银行在市场经济中针对中小企业开发的一种新型金融产品，它在本质上属于信用—引致型金融创新。信用—引致型金融创新是被设计用来使不流动的资产流动起来以支持新借款，直接地或间接地开发新的信用来源。随着信用总需求的增加或者存在信用需求模式广泛转移时，对信用—引致型创新的需求也增加了。一方面，供应链是建立在商业信用基础上的生产合作性链条，以商业信用中的信用担保如应收账款等为基础，从而降低银行贷款的信用风险。另一方面，供应链金融针对应收款、预付款和存货分别设计了应收账款融资、保兑仓融资和融通仓融资的三种基本融资模式。将不流动的资产流动起来，以增加对中小企业的贷款支持，实属一种金融创新。在市场经济环境下，此类金融创新可以使商业银行有从小企业贷款中获得巨大利润的潜力。

银监会鼓励商业银行要商业化、可持续地发展小企业贷款。所谓“商业化”，就是银行可以利用上浮利率来获取更高的收益，所谓“可持续”，则意味着银行的收益一定要覆盖风险。这不仅给了商业银行获取更好收益的空间，同时，也对商业银行定价能力，以及发现、跟踪和培养客户的能力带来考验。很多银行不仅推出各种专门针对小企业设计的金融服务产品，而且还从内部组织架构、信贷授权、授权流程、考核激励等各方面积极探索小企业信贷的经营模式。在众多的金融产品中，银行最关心的还是中小企业的信用。由于担保低，信用等级原本就低下的中小企业获取竞争优势的源泉，在于与大企业有生产合作的供应链。供应链金融使中小企业尤其得到实惠。其质的变化是，原来因财务状况不被银行看好的小企业，可以获得更多银行金融服务支持。而大型制造企业则借助“供应链金融”的管理供应商，使资金流较有规律，减少支付压力。对供应商来说，分批交货将导致采购成本增加，银行的参与就使供应商大批量地进原材料，拿到合适的折扣，再按计划分批发货。一边大企业库存减少，另一边上游库存由银行帮助降低成本，整个供应链体系的效率提高。

从2005年6月起，仅工商银行深圳红围支行一年内就为沃尔玛供货商办理融资300笔，金额8000多万元。深发展确定公司业务面向中小企业与贸易融资实施战略转型，仅2005年就全年累计投向供应链贸易融资的资金总额超过2500亿元，累计扶持超过1万家中小企业。深圳发展银行贸易融资包括了数十项金融产品和服务，重点围绕供应链初步整合了20多项产品和服务，包括担保提货、代理贴现、动产质押、仓单质押、进出口押汇、应收账款票据化、保理、出口信用险项下融资、打包放款、福费廷等，这些产品主要关注的是企业在应收、应付、存货三方面对短期流动资金的融资需求，是企业非常需要的一些服务，对任何一个处在供应链上的企业来说，都可以从中选择到合适的产品。值得一提的是，深圳发展银行“供应链金融”所提供的动产质押、货权质押等融资业务，实际上触及了当前解决中小企业融资难题的一个关键。据有关方面的研究报告，中国目前所有企业拥有的存货达 51394 亿元，所有企业拥有的应收账款 55519 亿元。由于现行法律的限制，存货、应收账款等动产不能用于担保，有 16 万亿元人民币的资金闲置，如果按照 50% 的贷款折扣率计算，这些资产原本可以担保生成约 8 万亿元的贷款。另据统计，目前我国企业应收账款总量占企业总资产 30% 左右，远高于发达国家 20% 的水平。而除了上市公司，我国企业的应收账款回收期平均为 90~120 天，是欧美企业的 3~4 倍。因此，对于中小企业来说，动产与货权质押融资业务在解决融资难题时将会有很大的发展空间。

二、供应链金融可以降低信贷风险的原因

作为信用—引致型金融创新产品的供应链金融，在信贷过程中可以创造信用，增加中小企业融资的比较优势，并形成融资信用放大效应的良性循环，从而起到降低商业银行信贷风险的作用。而降低信贷风险的理论根源在于供应链强度对信贷风险调整的影响，以及供应链上大小企业间动态博弈所起的制约作用。

（一）供应链强度与信贷风险的调整

以往银行对风险的评判，主要是把单个企业作为主体，关注的也是静态的财务数据，而中小企业往往财务信息的透明度比较低，财务指标难以符合评判标准，因此，很难从银行融资。供应链金融在风控理念上对银行授信有重大突破。银行对企业不再是进行一对一的考察，而是把企业纳入其上下游企业构成的供应链整体，重点了解供应链整体的健康程度。对企业经营状况的分析也从主要依赖分析财务报表变成对企业贸易背景的了解。在风险评估中，商业银行对财务指标衡量占得较少，对上游的资信、涉及商品的价格走势、交易流程的控制能力、企业过往交易记录等成为评估重点。如果一家企业，自身规模不大，负债比例较高，缺乏必要的品牌和知名度，甚至财务报表也欠规范，将难以得到银行的授信支持。但他作为一家大型企业的分销商或是供应商，每年的销售量或供货量都在增长，服务具有竞争力，上下游企业对他的评价很好，就符合供应链融资的要求。加上“供应链金融”主要开展的是风险较低的关系的大企业无形中提升了潜在的信用等级，此时也可理解为寄居于供应链上的中小企业得到了供应链上的大企业的信用担保。这种信用担保是供应链产供销的紧密合作基础上的一种自愿行为，因而“供应链金融”业务得以发生的供应链可以视为中小企业与银行贷款业务之间的一个中间层组织。正如威廉姆森

所指出的那样，在企业与市场这两种制度之间，出现了第三种组织形式，即“组织间协调”或“中间性体制”。根据中间层理论的主要论点：中间层的引入可以改变交易利益的均衡水平，甚至改变直接交换的交易成本。

商业银行发展供应链金融业务其实就是对大企业与中小企业之间有生产合作关系的供应链的一种依赖。如果企业之间合作关系越紧密，供应链强度越大，那么供应链金融的信贷风险就会越低。

供应链金融可以降低信贷风险的特点使得中小企业在信贷市场中的贷款地位得到了提升，其中根本的原因在于，中小企业借助于供应链上有生产合作。

(二) 大小企业在供应链上的动态博弈

既然在供应链的合作中，大企业对中小企业的无形担保可以降低商业银行的信贷风险，那么供应链这个中间层组织起到担保作用的理论基础是什么，大企业为什么会愿意承担这样的担保角色呢？

(1) 大企业愿意组成供应链并增加合作强度在于可以带来生产上的互惠，这种互惠使得大企业愿为商业银行承担无形的担保。战后大企业扩张过程显示，在与中小企业的合作过程中可以获得多重收益：充分利用中小企业的精、专、特的优势；获取廉价的优质零部件；工艺分包的合作收益等。因此，大企业与中小企业的关系发生了变化：由传统的直接竞争转变为迂回竞争或合作竞争，这会直接带来双赢的良好局面。

“供应链金融”业务中的大企业之所以有动机来监督中小企业财务信息的质量，原因在于建立信誉是有回报的，这种可以获得交易的回报，由于信息不对称的原因以前是会丧失的，而且这种回报会随着交易规模的扩大而不断增加。因为一个企业的供应链战略的核心问题，是设计公司业务的内包、外包，以及与承包合同商之间的关系。在现代供应链管理中，为使整条供应链达到最优并获得更大的利益，必须对供应链进行整合，也即需要多方之间的合作，而合作关系的建立和发展是以信任关系为基础的。大企业和供应链中的其他企业建立信任合作关系，是为实现企业的长期目标服务的。也就是说，信任关系必须在长期中得到保持和发展。为了使信任关系不断发展以达到最高水平，这种关系必须具有弹性并且是非正式的。而合同一般都是明确固定而缺乏弹性的，体现了企业间竞争的关系。用道德（非合同形式）来替代法律（合同），是当代企业和供应链中的伙伴发展信任关系的趋势。

(2) 中小企业受到供应链的无形约束，可以降低商业银行的信贷风险。由于集群内产业结构的趋同，使得企业之间的分工逐步向高、精、专的水平发展，同一供应链上的企业之间联系的紧密程度就向纵向发展。而交易中为争夺分工的利益，每个企业都希望分得更多的利益，而不惜减少别的企业从分工中得到的利益，这种机会主义行为使分工的利益不能被充分利用或使资源配置产生背离帕累托最优的扭曲。这种欺蒙拐骗说造成的集群内总福利的损失就是一种典型的“内生交易费用”。既然是内生的，就有可能通过制度的创设、习惯的形成而减少。而“供应链”作为连接上下游企业之间信息共享的中间的体制，很好地解决了生产过程中当信息不对称时，因内生的交易费用而不能实现的互利交易。在“信贷配给”的前提下，为了获得支持企业发展的外部资本，财务制度尚不健全的“供应链”内的中小企业可能会通过披露虚假信息等不正当手段。这种利用信息不对称欺骗可以暂时获得更多的贷款配额，但却构成了对链上所有企业信誉度的破坏。对不守信用的行为实行长期惩罚是信誉形成的基础，因此“供应链”有效的约束机制使中小企业出于对长期信誉的考虑可以把非合作对策产生合作的结局。我们也可以建立一个大企业与中小企业之间的博弈模型来阐述供应链对中小企业信用的制约作用。

在此模型中，可以把大企业与中小企业之间的博弈看成是动态议价的过程，假设小企业在融资前先选择是否完全披露其信息，而大企业针对中小企业的决策再做出反应：是采取强硬立场，即取消与中小企业在价值链与供应链上的合作，还是采取软立场，即接受中小企业的选择。他们之间的策略具有动态性，如此继续，直到无穷时段。

供应链融资主要依据供应链流程中产品的采购、生产、销售等环节相应发生演变，其中主要可划分为预付款融资、存货融资、应收账款融资三大模式。随着以深圳发展银行为先导的商业银行为供应链上各企业提供融资业务的普遍化和熟练化，在实际应用中主要将供应链融资细分成应收账款融资、保兑仓融资、融通仓融资。下文中将对供应链融资的三种模式做相应的诠释。

第三节　应收账款类融资模式

应收账款融资是指融资企业以未到期的应收账款向以商业银行为主的金融机构申请融资的途径。通过应收账款融资，中小企业可获得资金购买原材料等继续再生产行为，以加强资金的周转，在此过程中应收账款一般被用来抵押、保理或是证券化，以达到企业融资的目的。故应收账款融资一般可细分成应收账款质押融资模式、应收账款转让融资模式（保理模式）和应收账款证券化融资模式，在应收账款融资过程中主要有三方参与者，即商业银行、核心企业和融资企业。

一、应收账款质押融资模式

应收账款质押模式指融资企业将未到期的应收账款作为质押物向银行获得融资，在此融资业务中融资企业负担后续的追索权。应收账款质押融资可根据不同的分类方法进行细分，如根据质押融资的方式不同，可将其细分为总额质押融资和特定质押融资；根据融资的操作形式可将其划分为单次质押融资和循环质押融资；根据质押的应收账款是否实现可划分成已有应收账款质押融资和未来应收账款质押融资。

二、应收账款转让融资模式

应收账款转让融资是指融资企业将未到期的应收账款按一定的折扣率转让给商业银行以获取流动资金，转让之后根据商业银行是否对应收账款具有追索权来度量商业银行受理保理业务的风险，该融资模式一般也成为应收账款保理模式。

相比应收账款质押融资，我国商业银行在应收账款转让融资业务上研发的供应链融资产品更为齐全，可以说我国银行在保理业务的处理上更为熟练。根据不同的分类依据可将应收账款保理业务进行不同的细分，如根据应收账款涉及对象的空间范畴不同，可将其分成国内保理和国际保理，其中国际保理又可再细分成出口保理和进口保理两类；根据参与保理业务的保理商的数量差异，可以分成单保理、双保理和多方保理；根据商业银行是否将转让信息告知债务企业，可将其分成公开保理（明保理）和隐蔽保理（暗保理）；根据商业银行是否具有对受理应收账款的追索权，是否承担坏账担保责任，也可细分成有追索权保理和无追索权保理。

根据国内商业银行在保理业务上的运作，大致有国内明保理、国内暗保理、国内保理池融资、出口应收账款池融资、反向保理等保理产品，本书主要通过介绍“国内明保理”的业务操作流程来分析应收账款转让融资。

国内明保理指同在一个国家的两方在发生交易后，一方将交易中形成的应收账款转让给商业银行进行融资的活动，在业务发展的进程中双方主要应考虑到应收账款的坏账风险。保理业务适合希望改善和优化资产负债表的企业，并且该业务能缩短企业应收账款的周转天数，加快资金的周转速度，提高资金使用效率。

国内明保理业务的操作流程主要包括：

（1）融资企业转让应收账款。

（2）融资企业和商业银行通知买方关于转让应收账款的信息。

（3）银行经核实后，向融资企业发放融资款项。

（4）应收账款到期时，买方直接将资金转入银行指定账户。

尽管在保理的过程中，融资企业能够通过转让应收账款提前获得销售回款，加速资金的周转，一定程度上也能美化其资产负债表；银行能够在保理业务中获取保理费等中间业务收入，也能收获客户的信任，争取今后多次合作机会，在保理业务下能够实现融资企业和商业银行之间利润的共赢，但其中隐藏的风险隐患亦不容轻视，比如无追索权保理中无疑增加了商业银行的业务风险，业务操作过程中存在的信息不对称也能引发委托代理问题，应收账款的是否真实性和应收账款转让手续是否合法性都将增添业务的不确定性等等。

三、应收账款证券化融资

应收账款证券化融资是指企业把能够形成的稳定现金流量的应收账款转化成能够在资本市场上销售和流通的证券形式达到融资的目的。它体现在融资企业依靠销售或服务所产生的应收账款，通过特定的金融机构来提升企业的信用状况，向公众发行信用级别较高的证券。但这种融资模式适用的条件比较苛刻，主要可为大型的、信誉度高的核心企业解决规模较大的应收账款融资问题。

通常情况下，应收账款证券化是资产证券化的一种形式，将应收账款证券化。主要的操作过程是，企业将应收账款聚集到一定数量和规模时，将其出售给相应的专门从事资产证券化的特定金融机构（SPV），SPV 经过资产重组和信用升级，SPV 以该资产池所产生的现金流为支撑，在国内外资本市场上发行有价证券进行融资，然后用资产池产生的现金流来清偿所发行的有价证券。

应收账款融资能够缓和中小企业融资的难题，有利于中小企业对应收账款管理的有序化，很大程度上，在以深圳发展银行为先导的众多商业银行开展了应收账款融资业务后，对企业的融资带来了不少便利，使得产业链中资金周转速度加快，促进了整个产业链的生产效率。鉴于商业银行对企业的资信要求不高，很有可能埋下重大的风险隐患，故商业银行在核实中小企业应收账款时应注重应收账款的法律效率和可转化性，确认转让人或融资企业的合法资格，尽量通过详细的前期受理准备阶段规避一系列不必要的风险和损失。

第四节　保兑仓融资模式

保兑仓融资随着银行业务的发展，其业务流程也随之有着一定的调整。保兑仓融资由起初的厂商银三方保兑仓模式逐步发展成有第三方物流企业参与的四方保兑仓模式。传统的保兑仓融资模式主要由承兑的商业银行、融资企业和供货商三方参与并且签订“三方保兑协议”，在融资企业向银行缴纳一定比例的保证金和供货商(卖方)同意回购协议的前提下，保兑仓融资业务便可以有序开展。之后随着物流金融的发展，第三方物流公司逐渐进入到供应链融资业务中，担任着监管业务正常开展的工作，于是保兑仓融资业务进程有着一定的调整。在加入了第三方物流公司的四方保兑仓融资业务中，首先商业银行、融资公司、供应商和第三方物流公司四方要一同签订“四方保兑业务协议”，之后融资企业向商业银行缴纳一定的保证金、供货商签订回购协议、第三方物流公司签订监管协议的准备工作完善下，新型的保兑仓业务可根据规定的运作流程进行运转。

保兑仓业务主要在供应链中生产企业采购环节中发生，处于下游企业的生产商一般资金流不宽裕，在应收账款未收回又要继续维持生产运作的情形下，企业会借助“供应链融资”的平台向商业银行申请相应的“保兑仓融资”。

保兑仓融资是预付款融资的一种重要融资模式，一般商业银行也称其为担保提货授信融资，通常表现为下游生产企业为了能够保障原材料的供应，以达到持续生产的目的或得到货物保障销售，需要预先向受理的商业银行提出申请并交纳一定额度的保证金，在商业银行的协调下实现从供应商处得到相应需求。除保兑仓融资以外，预付款融资也有其他的模式，比如先款后货授信融资、进口信用证项下未来货权质押授信融资、国内信用证融资、附保贴函的商业承兑汇票融资等。鉴于国内商业银行进入“供应链融资”领域时间尚短，在“供应链融资”业务中开发的产品不及发达国家繁多，根据国内商业银行的预付款融资业务受理中，相对而言保兑仓融资业务量较大且业务操作较为完备和熟练。

保兑仓融资一般适合供应链中的下游企业，因为核心企业在供应链中占据强势地位，其为加速自身资金的周转会向其下游的中小企业压货，并且拖延应收账款的偿付，造成中小企业资金流的短缺，所以中小企业会将未来提货权交托给商业银行进行融资，发生相应的保兑仓融资。鉴于供应链融资模式的可转换性，在保兑仓融资模式作用下商品或原材料会存储在银行指定的仓库，之后的提货流程便可视为融通仓模式。在开展保兑仓融资业务时应注意其中藏匿的若干风险点，比如融资企业的信誉状况、相关质押商品的质量和价格波动情况、第三方物流公司的监管能力、操作流程中的内部管理和可能存在的操作漏洞等，在信贷业务中存在的信息不对称问题不容忽视，因为商业银行的审核并不能确保业务的万无一失，其衍生出的一系列道德风险和委托代理问题将阻碍业务的长期持续开展。

保兑仓融资减轻了下游企业一次性预付款的压力，实现了融资企业的杠杆采购和经销商的批量销售，在第三方物流公司的监管下降低了银行的操作风险，提高了银行对业务的全程监控能力，并且通过保兑仓融资进一步为银行挖掘了客户的融资潜力，为银行今后业务的继续开展保存了客源，总体看来，保兑仓融资能够为业务参与各方均提供盈利，在多赢的局势中有利于社会生产的继续运作，提高整体的生产效率，实现资源的优化配置和资金的循环运转。

第五节　融通仓融资模式

一、融通仓形成的背景

(一) 概念

融通仓最初由罗齐和朱道立（2001 年）提出，朱道立、石代伦和陈祥锋（2004 年）在深入研究基础上建立了融通仓理论框架，该理论框架被评为 2004 年“中国物流十大创新模式”之一。顾名思义，“融”指金融“通”指物资的流通，“仓”指物流的仓储。“融通仓”是“融”“通”“仓”三者的集成、统一管理和综合协调。所以融通仓是一种把物流、信息流和资金流综合管理的创新其内容包括物流服务、金融服务、中介服务和风险管理服务以及这些服务间的组合与互动。融通仓的核心思想是在各种流的整合与互补互动关系中寻找机会和时机，其目的是为了提升顾客服务质量，提高经营效率，减少运营资本，拓展服务内容，减少风险，优化资源使用，协调多方行为，提升供应链整体绩效，增加整个供应链竞争力等等。

随着我国经济的高速发展，中小企业成为推动经济发展的强大力量，但却面临着融资困难的问题。由于中小企业信用评级比较低，致使中小企业无法从金融机构取得贷款，同时金融机构也不敢贷款给中小企业，与此同时，第三方物流企业的发展也面临着挑战。融通仓的出现使得三者有机地结合在一起。

(二) 中小企业的融资现状

改革开放以来，我国经济长时期的持续、稳定、快速增长，以及社会生产力、综合国力和人们生活水平持续上新的台阶。中小企业，特别是民营企业的蓬勃发展成为推动中国经济向前的重要力量。然而，目前中小企业面临的资金短缺问题成为阻碍其前进的障碍。

为了扶持中小企业的稳定、持续发展，央行出台了一系列鼓励政策，但鉴于中小企业的信用等级评级普遍较低，对其贷款风险较高，商业银行更加青睐于贷款给外资企业和国企，显现出“中小企业想借借不到、银行想贷不敢贷”的局面。

(三) 银行等金融机构的困境

随着经济快速稳健的发展，中小企业的数目急剧增加，但众多金融机构并未在这样一个生气勃勃的市场中获得应有的收益。由于中小企业的贷款拖欠现象比较严重，信用等级评级较低，使得信贷业务处于恶性循环状态。

(四) 第三方物流企业竞争压力

自中国加入 WTO 以来，与世界联系更加紧密，物流行业也处在一个很好的发展阶段，但是由于物流业务的受益方的迫切需求和行业发展的必然性，第三方物流企业必须不断地进行业务创新以满足社会的需求，提升自身的优势。

二、融通仓的运作体系

融通仓体系包括金融机构、第三方物流企业、融资企业等。

(一) 融通仓主体及相互关系

融通仓的主体主要有金融机构、融资企业、第三方物流企业。

(1) 金融机构。金融机构是指专门从事货币信用活动的中介组织，如银行，农村信用合作社等。除了金融服务外，金融机构从事其他领域的经营活动，为了降低风险系数，金融机构多接受抵押、质押、保证等担保方式，向外提供贷款。

(2) 融资企业。融资企业是指融通仓业务的需求者。

(3) 第三方物流企业。是指为公司提供全部或部分物流服务的外部供应商第三方，一般不拥有商品，物流企业既非生产商也非销售方，而只是为客户提供仓储、配送等物流服务。

金融企业面对为数众多的中小企业，没有精力和实力为每一笔业务代表借款人寻找合适的质物监管或仓管人，同时也不愿接受质物分散存放在各借款人自己的仓库中。此时，第三方物流企业的本身属性和特征正适合金融机构的需要，将质押物集中在自己的仓库中并进行管理，解决了金融机构的困扰。中小企业信用级别低，在经营活动中很少使用的商业票据，而且能够作为抵押的固定资产少，依法取得的无形资产在今后管理中具有难以估值的特性。

中小企业拥有的多为库存、在制品、途中产品、原料等资产，要获取银行提供的信用贷款、抵押贷款比较困难。作为连接金融机构和融资企业的纽带，第三方物流企业设立的融通仓承担着动产抵押物的物流服务和资产监管和评估工作。在融资企业陷入融资困境，金融机构面临竞争压力之时，第三方物流企业结合其自身优势，使得资金流、物流和信息流得以迅速地运转并创造出新颖的经营模式。金融企业安心地将资金贷款给中小企业，使得业务得以拓展，中小企业解决了融资问题，可以更加持续、稳定、快速地发展。

除上述三个主体自身因素外，融通仓的运作还受到其他各方面的影响，如国家政策、法律法规，政府监管部门等。

(二) 融通仓运作模式

融通仓的运作就是为了盘活资金流和物流，以效益最大化为目标，在运作中要将成本减少到最低，充分发挥自身优势，调整银行信贷结构，降低风险；为中小型企业融资开辟道路；促进第三方物流企业更好地发展。具体运作模式有如下两种。

(1) 质押担保融资。质押担保融资的运作主要是银行（金融机构）提供信用贷款、第三方物流企业提供融通仓服务、融资企业提供质押物和提出贷款申请，三方协商签订长期合作协议；融资企业在协作银行开设特殊账户，并成为提供融通仓服务的第三方物流企业的会员企业；融资企业采购的原材料或待销售的产成品进入第三方物流企业设立的融通仓，同时向银行提出贷款申请；第三方物流企业负责进行货物验收、价值评估及监管，并据此向银行出具证明文件；银行根据贷款申请和价值评估报告酌情给予生产融资企业发放贷款；融资企业照常销售其融通仓内产品；第三方物流企业在确保其客户销售产品的收款账户为融资企业在协作银行开设的特殊账户的情况下予以发货；收货方将货款打入销售方在银行中开设的特殊账户；银行从生产经营企业的账户中扣除相应资金以偿还贷款。如果生产经营企业不履行或不能履行贷款债务，银行有权从质押物中优先受偿。这一资金融通方式由于有质押物作担保，且有第三方物流企业进行监管和评估，风险系数降低，相对于银行来说，更愿意接受这种贷款方式。同时，比较适用于周期性较强的融资企业。

(2) 信用担保融资。银行选择一些经营业绩好、实力较强的第三方物流企业，授予第三方物流企业一定的信贷配额，第三方物流企业代替银行的“位置”，根据与其长期合作的中小企业的信用状况配置其信贷配额，为生产经营企业提供信用担保，并以受保企业滞留在其融通仓内的货物作为质押品或反担保品确保其信用担保的安全。

三、融通仓的意义以及改善建议

自2007年美国发生次贷危机后，经济危机席卷全球。随着国际金融危机的剧烈冲击，我国经济经历了新世纪以来最为困难的时期。国际经济环境的恶化，使得我国的外贸出口出现了大幅度的下滑，经济增速面临着巨大的考验，面对国内外经济形势的新变化，“扩大内需”成为我国改变经济增长方式和缓解国际压力的重要途径之一。

中小企业是我国经济发展的强有力的后盾，融通仓模式的出现不仅解决了中小企业的融资问题，也对我国金融机构的发展起到了重要作用，拓宽服务对象，扩大信贷范围。同时，第三方物流企业的业务出现了创新，使其功能更加完备。融通仓使得资金流、信息流、物流的运转更加迅速，金融靠物流对实物的监管来控制风险而物流需要金融提供的资金来保障各个环节的最优配置，为供应链企业提供一体化服务，使与供应链相关的企业实现共赢。

由于第三方物流企业大多是从传统的物流企业转变而来的，现在人们对于它的要求越来越高，第三方物流企业需要形成一个完善的自我管理机制，对部门内部进行细分。包括对公司选址的再规划，对于不同业务需要进行专业化的培训，增强执行力度和准确性。在思想观念上要进行转变，以适应第三方物流企业的发展趋势，并进行创新。

在信用担保融资下，很可能产生关联方交易问题，使得一些中小企业得以迅速发展，但是另一些企业依旧因为融资困难不能持续稳定发展，这将不利于市场经济的运作。因此，应该规范融通仓运营体系，设立专职部门对中小企业进行评估，同时，银行应该定期派专人进行审核，银行通过对第三方物流企业信贷业务业绩的审查，可以调整授信额度。由此形成一种相互监督、相互促进的良性循环。政府相关部门应做好相应的指导工作，使得融通仓体系能够更加完善，同时加强执法力度，披露相应的信息，维系一个和谐稳定的经济市场。

纵观上述对供应链融资的三大基本融资模式的介绍，可以看出在商业银行的金融创新下，不仅银行自身收获了利润，也为我国中小企业的融资难题提供了较有效的解决途径，周而复始下整体推动了社会大生产的运作效率和质量，商业银行通过发展“物流金融”的理念，积淀更为可观的社会财富。

应收账款融资、保兑仓融资和融通仓融资针对供应链流转环节落实业务，为中小企业提供短期继续资金，缓解了中小企业在生产流程中的资金压力，对企业维持持续的生产帮助很大，进一步通过便捷的途径提高了整条供应链的运作效率。应收账款融资、保兑仓融资、融通仓融资三者之间在实际的业务运作中并没有太多绝对的界限，随着参与方的增加、运作时点的变化、操作进程的推进，三种融资方式会相应地实现相互的衔接和转变，因为它们是根据供应链的采购、生产、销售等环节而设计的融资途径，也证明了三者之间良好契合的衔接性。从整条供应链来看，供应链融资的理念改变了银行传统的只观察企业的财务数据的狭隘评估渠道，更深层次地实现银行在操作业务中的观察视野、信贷文化和发展战略的提升。金融创新总能给社会带来新意和活力，期待着金融机构缔造出更美好的奇迹。

第七章

结构性贸易融资：贸易金融的最新进展

第一节　结构性贸易融资的种类与运作

国际贸易融资直接服务于国际贸易。21 世纪以来，随着全球国际贸易的增长和贸易的产品结构的不断多样化，跨国公司的贸易融资需求日益复杂化和个性化，银行内单项的、传统的进出口贸易融资方式已经不能完全满足企业的需求、国际贸易发展和新的制度与环境要求。为了满足客户差异化需求，商业银行国际贸易结算方式和融资方式不断创新，越来越灵活多样。伴随全球范围内大宗产品和资本品贸易的增加，更加内容创新、结构多层次、使用灵活和种类丰富的融资方式相继出现，结构贸易融资就是其中重要的形式之一，并成为未来贸易融资业务的发展趋势。

一、结构性贸易融资定义

结构性贸易融资是继供应链贸易融资后发展起来的新型融资模式。从传统贸易方式到结构性贸易融资，是国际贸易融资的重要发展趋势，也是贸易融资内容和手段组合式创新的重要体现。不同于以往传统的国际贸易融资，结构性商品贸易融资（Structured Commodity Trade Finance，简称 SCTF 或 STF）并不是一种具体确定的融资方式，而是将整个国际贸易流程作为融资对象的金融服务，充分利用各种传统与非传统贸易融资方式相结合，在综合考虑国际贸易项目的具体情况，特别是生产贸易企业的具体融资需求、企业信誉和风险承担能力、可接受的最短贷款期限、贸易流程的特点、有关政府法律法规要求等因素，将多种融资方式进行最佳组合，创造性的设计融资方案、组合融资手段为贸易产品进行融资的方式，专为进口商或出口商量身定做的跨境贸易融资方案。由于该方法具有很高的灵活性，所以对于非常规、非标准、高风险、过程复杂的贸易个案具有很高的应用价值。

二、结构性贸易融资的工具种类

(一) 国际贸易融资工具

1. 短期国际贸易融资工具

短期国际贸易融资是指银行向进口商、出口商或中间商提供的，以国际贸易结算为基础的，期限在一年或一年以内的短期进出口贸易融资。按贸易业务流程，可以分为以下类型。

（1）红条款信用证（Red Clause Credit）。一种具有特殊条款的信用证，信用证的进口方允许银行在客户出口交单前向其预先支付款项，从而使客户获得融资。红条款信用证是允许出口商在装货交单前可以支取全部或部分货款的信用证。开证行在信用证上加列上述条款，通常用红字标注，故此种信用证称“红条款信用证”，或“打包放款信用证”。

（2）打包放款（Packing Credit 或 Packing Loan）。这一方式在近年来在外资银行多被称之为装运前融资（Pre-shipment Finance），是由出口银行向本国出口商开立的以出口商为受益人的短期（一般为 3 个月，最长为 6 个月）融资方式。出口商以未经议付的有效信用证作为还款凭证，向当地银行申请低于信用证金额的贷款，以解决组织货物出口过程中出现的资金周转困难问题。

（3）押汇（Negotiation）。实质上是银行为进口商或出口商提供的一种短期流动资金抵押贷款，根据所服务的贸易对象分为出口押汇和进口押汇两种类型，可分别用于托收和信用证两种结算方式。

（4）假远期 L/C（Usance Leter of Credit Payable at sight）。是一种以为进口商融资为目的的信用证，进出口双方以即期结算的方式签订贸易合同，但进口商在交单时开立远期汇票，同时在信用证条款中明确规定出口商凭该远期汇票可获得即期付款，付款银行的贴息和承税费由进口商承担。

（5）国际保理（International Factoring），又称为承购应收账款。其融资功能体现在以商业信用出口货物时（如以承兑交单 D/A 付款方式或赊销 O/A 结算项下），出口商交货后把应收账款的发票和装运单据转让给保理商，即可取得应收取的大部分贷款，日后一旦发生进口商不付或逾期付款，出口商即可获得无追索权的、不超过发票金额 80% 的融资，由保理商承担付款责任。此外，国际保理还是保理商为出口商提供的一种综合性服务，包括通过收购债券而向出口商提供进口商资信调查及评估、财务管理、风险担保、债款回收等项目。

（6）票据贴现（Discount）。是指远期汇票经承兑后，汇票持有人在汇票尚未到期前在贴现市场上转让，受让人扣除贴现息后将票款付给出让人，或由银行购买未到期票据的业务。

（7）银团贷款（Syndicated Loan），又称为辛迪加贷款。是由获准经营贷款业务的一家或数家银行牵头，多家银行与非银行金融机构参加而组成的银行集团贷款方式。各成员采用同一贷款协议，按商定的内部分工和各自的贷款份额、期限和条件向同一借款人提供融资。由于大型项目往往前期缺乏资金，而单一银行往往难以承受大型项目大额融资和由此带来的风险，银团贷款对该类融资具有明显的优势。

2. 中长期国际贸易融资工具

中长期国际贸易融资，是指银行提供的期限在一至五年或五年以上的进出口贸易贷款。在实际应用中主要有福费廷和出口信贷两种。

（1）福费廷（Forfaiting）：福费廷又称包买票据，是一种以无追索权形式为出口商贴现远期票据的金融服务，所购买的各种信用票据可以包括信用证项下的汇票、本票，或其他可以自由流通的票据。具体的，票据的持有者将其已承兑的，并通常由进口商所在地银行担保的远期票据以贴现方式转让给票据包买商（银行），包买商在买进票据的同时放弃追索权。可见，这种融资方式的本质是国际贸易应收账款的转让。

（2）出口信贷（Export Credit）：出口信贷主要用于支持本国机电产品、成套设备、对外工程承包等资本性货物和服务的出口，这类项目通常金额大、期限长、信贷利率低，利用项目投产后的收益偿还本金，出口信贷利率和市场利率差额造成的亏损由国家补贴。按照贷款对象的不同，出口信贷可以分为出口买方信贷和出口卖方信贷两种类型。出口买方信贷直接向进口商或进口商所在国银行发放贷款，用以促进进口国购买本国资本货物。出口卖方信贷指是指由出口国银行向本国出口商、外贸企业提供的中长期贷款，以使企业能够在大型资本货物贸易合同中获得延期付款融资。

（二）国际贸易风险缓释工具

一般情况下，资金结构和风险缓释结构之间存在显著的关联，为了降低风险增加的产品组合设计往往会推高融资成本，所以在融资设计时需要在风险和成本目标之间进行平衡。风险缓释指通过抵押、担保、金融衍生品等风险缓释工具，或保险、融资等风险转移措施进行风险控制，以降低风险的损失频率或影响程度。一旦债项违约发生，风险缓释可以起到降低实际损失、弥补债务人资信不足的缺点，提高债项的吸引力，从而对中小企业也非常适用。常用的风险缓释技术主要包括保险、风险参与和信用风险衍生产品三种。

1. 保险

这里指的保险分为货物保险和出口信用保险两种。

货物保险（Cargo Insurance）是为融资的商品购买保险，即将融资的商品抵押给贷款银行，银行为该商品购买相关保险以避免货物损坏、灭失等风险。由于采取结构性贸易融资意味着企业可以以未来的现金流向银行进行抵押融资，借款企业偿还银行贷款的基础在于贸易产品的最终销售，因此，商品的安全性对融资银行最终资金的安全回收起至关重要。通常银行在提供融资服务时，均要求客户出具保单，证明货物已投保，从而保证在借款人出于各种原因违约、银行处置抵押物时，抵押的商品仍具有相应的价值。

出口信用保险（Export Credit Insurance），也叫出口信贷保险，是各国利用国家设立的出口信用保险机构（ECA，官方出口信用保险机构）为本国出口商承保进口国的国家风险和商业风险、出口收汇风险，补偿企业的收汇损失，从而为企业在出口贸易等对外经济活动中增强经营稳定性、以更灵活的贸易手段参与国际竞争的一项政策性支持措施。这种保险属于政策性（非营利性）保险业务，通常由国家财政提供保险赔款补贴。借款人可以凭出口信用保险机构的保单获得银行融资。目前，全球贸易额的12%~15%是在出口信用保险的支持下实现的，有的国家的出口信用保险机构提供的各种出口信用保险保额甚至超过当年出口总额的三分之一。

2. 风险参与

风险参与（Risk Participation）也称风险分摊，是指对于一些融资项目，贷款银行为了降低所需承担的借款人信用风险，于是邀请其他愿意承担风险但又缺乏与借款人直接信贷关系的银行共同参与项目，分担相应比例的借款人信用风险，承担借款人到期违约带来的损失，同时支付给参与银行一定的金额，作为参与银行分担风险所获得的保费收入。这种融资方式实质上等于贷款银行向参与银行购买了一种保险，能够有效地起到分摊风险的作用。例如，在银团贷款中，面对一些金额大、风险高的贷款项目，银行往往不愿独自承担全额信贷风险，故邀请世界各地的金融机构组成一个集团，由借款人所在国以外的一家或多家金融机构经办和承销，各自认购一定的贷款份额，向借款人提供其所在国货币以外的其他货币计值的信贷，从而实现了风险的分担。

3. 信用风险衍生产品和衍生金融产品

信用风险衍生品（Credit Derivatives）是指用于规避融资中可能出现的信用风险，即未能及时、足额还款所带来的违约风险，主要采用信用互换、信用期权和信用关联票据三种工具。

此外还有一些衍生金融工具被广泛用于规避汇率、利率或货物价值变动的风险，如远期业务、期货、期权业务和货币互换业务等等。

三、结构性贸易融资的运作机制

（一）结构性贸易融资一般流程

一般的，结构性贸易融资由包括融资银行、融资企业、政府贸易促进部门、融资相关其他金融机构等众多主体共同参与。有时传统的融资工具无法满足企业的融资要求，银行则组织专业人员分析企业的具体融资要求，在现有法律、政府贸易促进部门和其他金融机构的融资环境下，针对该贸易对象选择合适的融资工具与风险缓释工具组合，设计客户化导向的结构性贸易融资方案。

(二) 结构性贸易融资工具选择原则

实践中，外贸企业通常把融资成本最低、融资风险最小和融资与贸易方式相结合三点作为在选择具体融资工具遵循的原则。结构性贸易融资本质上是各类融资方式在时间期限、融资功能和风险缓释功能上的合理有效搭配和重新安排。但由于融资工具种类复杂，各类工具的选择搭配绝非任意的，必须针对具体的贸易业务，充分考虑到各类工具在融资阶段、融资期限、所适用的商品性质、结算方式和融资成本等方面特点。

(1) 所选用融资工具必须完整覆盖贸易的全部流程，即生产加工期、单据在途期、延期付款期，满足各个阶段的融资需求。比如，红条款信用证和打包放款组合使用也只能解决生产加工期融资问题。

(2) 对于短期贸易，必须选取短期融资工具，如进出口押汇、国际保理等。对于中长期贸易，则可以考虑在结合使用长期工具的前提下，选择短期融资工具服务于贸易流程的某个阶段，比如采用承付融资和福费廷相结合的方式。

(3) 考虑到大宗商品和一般商品在融资期限、涉及环节等方面差异很大，因此组合工具要符合同一类商品的性质，如出口信贷业务主要适用于资本性商品的融资，而国际保理主要适用于一般性商品的融资，这两种方式就不能进行组合。

(4) 对于一个结构性贸易融资组合，不能出现适用于不同结算方式的融资工具搭配，如打包放款等只适用于信用证结算，而福费廷适用于赊销（O/A）的托收结算等。

因此，构建具体结构性贸易融资工具组合时，需要首先选取合适的融资工具覆盖整个贸易流程的融资需要，在此基础上，选择适当的风险缓释工具进行搭配，构成完整的结构性融资方案。

(三) 结构性贸易融资方案举例

根据以上原则可以看出，针对一项具体的贸易业务，企业在选用多种融资手段尽可能减低融资成本的同时，也要考虑可能增加的风险，结合企业的具体融资需求和风险承受能力，在多个可能的融资方案之间进行权衡和选择。可以结合使用的融资工具搭配虽然有限，但依然种类非常丰富，难以一一列举。所以，这里只选取三个典型的结构性贸易融资工具组合方式作为例子。

(1) 出口押汇＋出口信用保险（用于短期融资）。对于一些出现短期融资需求的出口商，出口押汇的使用能够解决企业资金周转的困难。出口押汇可以在信用证和托收两种方式下使用。在信用证方式下，出口商在货物装运出口后可按照信用证的规定向议付行提交全套单据，银行审核单据相符后以信用证项下的出口单据作抵押，垫付给出口商扣除利息及手续费后的货款，并取得单据所有权。随后，议付行向开证行索回其垫款，如遭开证行拒付，银行有权向出口商追索其垫款。而在出口托收方式下办理出口押汇银行风险较大，这时结合使用出口信用保险就能够充分体现出官方支持的保险机构的信誉优势，由其向出口商提供的保险能够承担出口企业的出口信用风险和政治风险，有利于托收项下的出口押汇的有效使用，提高贸易融资的担保质量。

（2）出口卖方信贷＋福费廷＋出口信用保险（用于中长期融资）。卖方信贷可以有效解决生产加工期的资金问题，但该方式只为出口商提供 80%~85% 的融资额度，也不能保证出口贷款的安全收回。所以，采用这种组合方式的思路是，进出口双方签订合同之后，首先使用出口卖方信贷为出口商提供生产加工期融资，即出口信贷方向出口商提供 80%~85% 的生产加工期融资，其余部分由出口商通过商业贷款的形式垫付。当出口商向进口方完成交货并取得全套单据后，然后再使用福费廷融资方式，通过向包买商出卖单据，获得全部单据在途期融资，所得款项优先用于偿还出口卖方信贷。该方式可以选择使用信用保险（或银行保函）为缓释融资风险的工具，这对于资信不佳的出口商尤其必要。在这种组合中，通过卖方信贷和福费廷两种方式，解决了生产前期资金不足的问题，并为提货滞后期提供衔接融资便利，不过相比之下，出口卖方信贷是由政府支持的低息贷款，采用福费廷偿还出口信贷增加了该组合的融资成本。

（3）出口卖方信贷＋出口买方信贷＋远期外汇业务（用于中长期融资）。

出口卖方信贷着重提供生产前期的融资支持，但存在收汇风险和汇率风险。相比之下，出口买方信贷能够补充提供提货滞后期的融资，即在为进口商提供延期付款，使出口商预先收回货款，从而避免了收汇风险和汇率风险。因此，将这两种方式组合使用时，首先，出口商通过办理卖方信贷取得合同金额的 80%~85% 的融资用于前期生产加工。随后，买方在货物生产完成后申请等额的买方信贷，在接收到出口方根据合同分批发付的货物后，完成分期付款，并在全部交货完成后，根据买方信贷协议分期还本付息。通过购买与最终交割期相同的远期外汇，可以规避融资过程中的收汇风险。因此，这种融资方式能够提供覆盖整个贸易流程的融资服务，且由于买方和卖方信贷受到国家信用支持、成本较低，因此，该方式能较理想地降低融资成本并消除收汇及汇率风险。

可见，融资工具在融资额度、融资期限、风险分配等特征上各有特点，虽然单独使用可能无法满足企业多样化的融资需求，特别是复杂、非标准化的贸易流程的要求，但如果能够针对各项融资工具的特点将其搭配使用，则能够达到提高融资额度、降低融资成且降低融资风险的效果。结构贸易融资的精髓正在于利用各种融资方式根据项目具体情况和社会环境，有选择地创造性运用贸易融资工具，制定最适合项目需要并为买卖双方认可接受的融资方案。

第二节　结构性贸易融资与供应链金融的比较

从前面介绍可以发现，结构性贸易融资与供应链金融两者都是国际贸易融资领域的新进展，代表了贸易金融的发展趋势，同时也是各外资和中资银行着力推出的金融服务项目，无论对于银行的实务操作或学者的学术研究，两者都是该领域的热点。但目前关于两者联系的研究很少见，有些学者将两者作为并列的、无关联的非传统贸易融资方式看待，有些学者只是简单地将结构性贸易融资等同于供应链金融，或将供应链金融作为结构性贸易融资的复杂形式。但实际上，结构性贸易融资与供应链金融本质上属于不同范畴的概念，本节就对两者的异同进行阐释。

一、结构性贸易融资和供应链金融的联系与相同之处

20 世纪 60 年代起，特别是 70 年代发达国家放松金融管制改革以来，金融创新在发达国家成为重要的潮流。随着大量原始性创新，或将各类金融元素有效组织得到的新的金融工具不断出现，金融国际化和经济全球化的发展都大受裨益。国际贸易融资的发展史也同时伴随着不断的理念和手段的创新，特别是 20 世纪 90 年代以来，国际贸易融资在全球贸易发展与信息科技发展的带动下前所未有的发展。国际贸易融资业务的创新属于银行业务创新的一部分，指的是银行在国际业务中在传统工具的基础上通过组合搭配和重新设计等方式，借鉴资本市场规避风险的一些工具而设计出的，区别于传统国际贸易融资手段的新产品类型。供应链金融和结构性贸易融资都属于非传统的贸易融资方式，是国际贸易融资在理论和实践领域的发展和创新阶段。两者的共同点主要体现在以下几个方面。

1. 结构性贸易融资和供应链融资都是针对某一具体真实的贸易流程或贸易链设计的

结构性贸易融资和供应链金融都是针对一项具体、真实的贸易案例，提供符合整个供应链或贸易流程要求的融资方案，具有“量体裁衣”的独特性。由于贸易

过程所产生的销售收入是融资业务的主要还款来源，因此，这两类融资业务注重贸易背景的真实性和贸易的连续性，对融资企业的信用记录、交易对手、客户违约成本、贸易合同、上下游企业、短期偿债能力等情况也进行严格审查。供应链上某一主体，或贸易流程中关于融资需求、贸易周期或风险特征等任何因素发生改变，都可能影响到融资方案的合理和有效性，可能导致方案的重新设计和重新组合搭配。

2. 结构性贸易融资和供应链融资都覆盖国际贸易业务的完整流程，贯穿交易始终

供应链金融的参与主体主要包括供应链节点企业、商业银行和第三方物流企业。在供应链融资中，作为供应链中至关重要的一环，银行从整个产业链角度出发开展综合授信，把供应链上的相关企业作为一个统一整体，根据交易中构成的链条关系和行业特点设定融资方案，对贸易相关的“产—供—销”链条上的核心企业及上下游配套企业提供全面金融服务。

类似的，结构性贸易融资的重要特点之一即综合性，这不仅体现在多种融资与风险缓释手段的综合使用，还体现在其将众多的参与方，即国际贸易流程中的出口商、进口商、银行等有机串联在一起。相比之下，传统的国际贸易融资方式仅仅提供商品交易中的资金运作服务，而这两种贸易融资方式则完整覆盖并深入介入商品贸易流程的采购、生产、运输、销售等所有环节，形成了新的融资理念和服务模式。正因为如此，两种贸易融资方式都向企业提供集合融资和结算服务等于一身的一体化综合服务。

3. 结构性贸易融资和供应链融资的授信方式都具有整体信贷性

和传统的贸易融资类似，结构性贸易融资和供应链金融业具有典型的还款自偿性特点，即对于每一笔出口融资业务，必将对应一笔未来的出口贸易收款用于偿还贷款；同样，对于每一笔进口融资业务，必有一笔未来的进口货物的国内销售款回笼与之相对应。而在传统的贸易融资中，外汇银行对进口商或出口商提供与国际结算相关的资金融通，资金融通往往围绕着与结算有关的特定的环节进行服务，属于一对一的关系。而结构性贸易融资和供应链融资由于涉及完整贸易链，外汇银行在进行授信时，都将核心企业与上下游企业，或贸易流程中其他对手企业视为统一整体，在对所涉及企业进行责任和信誉捆绑的前提下，综合考虑贸易的预期收益、未来现金流、新的负债等，有效控制授信资金风险，进行具体融资安排，属于动态、系统和整体性的授信方式。

二、结构性贸易融资和供应链金融的区别

尽管结构性贸易融资和供应链融资从覆盖贸易的范围和时间、授信方式等方面存在许多共同点和联系，但从本质上来说，两者的概念属于不同范畴，侧重也各有

区别。

供应链融资着眼于整个产业链条。在供应链融资中，虽然银行授信的对象有产业链上下游的多个企业，包括原材料生产商、生产资料供应商、生产厂商、经销商和消费者等众多参与主体，但全部融资都是从供应链上的核心企业入手展开的，其他关联企业往往是一些在供应链上处于从属地位的中小型供应商和经销商。这些企业本身可能信用等级不高，借款也较为困难，对这些企业放贷的评估重点在于它对整个供应链的重要性，以及与核心企业历史关联。在此基础上，银行为贸易链条上的企业的全方位服务，实现整个供应链的融资成本下降和价值增值。在实际融资业务中，往往体现为一（家银行）对多（家企业）的方式。

而结构性贸易融资则着眼于整个贸易流程，集中于为贸易链上的一家核心企业，一般是进口商、出口商或中间商，提供贯穿贸流程始终的融资服务。甚至在一些融资方式，如银团贷款的方式下，可以由多家金融机构参与贷款融资，实现有效的风险分担，体现出多（家银行）对一（家企业）的方式。

此外，两者“综合性”的侧重点不同。供应链融资的综合性主要体现在融资服务对象上，即链条上各参与主体通过网络通信技术建立的供应链电子平台，管理商品与资金流动，实现供应链中各参与方合作带来的信息共享，从而将物流服务、融资服务、结算服务、风险管理服务等融于一体，满足运营资本的需求，降低操作的风险，以更有效地降低融资成本，提高运营绩效。而结构性贸易融资的综合性则主要体现在融资工具的应用，即其“结构性”。强调根据融资具体需要，结构性贸易融资的重点在于在多种融资工具和风险防范工具中进行选择和合理的组合安排，实现融资过程中融资结构、风险结构和时间结构上的最优安排，提升企业在每个贸易阶段中的价值，进而增加企业贸易的附加值。

所以，供应链融资的融资方案既可是结构性的也可以是非结构性的，而结构性贸易融资不仅可以应用于供应链融资，也可以应用于其他领域的融资，两者属于不同范畴的概念，需要在应用中注意加以区分。

第三节　结构性贸易融资的国际经验与借鉴

一、结构性贸易融资产生

20 世纪 70 年代以来，跨国公司的蓬勃兴起使全球范围内的资源配置、生产组织形式、经营活动方式，以及市场的规模都发生了巨大变化。一方面国际贸易迅猛发展带来国际贸易融资需求快速上升，特别是国际贸易朝着大宗化、资本化的方向发展，使得传统的国际贸易融资方式已经无法满足国际贸易发展的需要；另一方面跨国公司因其有限的自有资本不能满足大规模扩张的需求而需要银行的融资。跨国公司对降低融资成本和控制融资风险的综合要求对国际贸易融资方式提出了挑战，许多贸易金融创新开始出现，福费廷国际保理信用保险融资等多种新型的国际贸易融资方式应运而生。

结构性贸易融资起源于工业发达国家。由于这些国家的大宗商品，如钢铁、能源、石油等出口融资的还款来源主要依赖于商品本身出售后的资金来源，而非主要靠债务人的信誉，所以，对这类交易进行重构以确保还款来源则显得极为重要。而从事这类贸易的进出口双方中，有些无法或不愿在资本市场上融资，却又希望能够将融资资产市场化，于是，这些公司便形成了结构性贸易融资的最初的市场。为了满足这一市场需求，也为了促进、扩大出口贸易，给更多的企业、产业创造更多的出口机会，特别是为了帮助企业向新兴市场销售大宗原材料及资本商品，工业发达国家逐渐形成了一种结构性贸易融资方法体系，作为一般贸易融资方法的补充，承担贸易融资结算作用。

由于发达国家具有完备的外贸融资体制和机构，拥有高度流动、透明和发展成熟的资本市场，具有使用该方法的配套设施、法律与制度环境以及人才储备等，结构性贸易融资往往是发达国家出口促进等宏观经济政策的组成部分，并主要在工业发达国家应用广泛和体系成熟。

例如，英国于1919年就建立了全世界最早的出口信用制度，成立了官方支持的出口信贷担保机构——英国出口信用担保局（ECGD）。作为政府贸工部直接管辖的政府机构，该部门广泛提供出口付款担保、出口信贷担保等担保业务。

美国具有最完备的结构性贸易融资系统，重要原因之一是其政府机构拥有完整的国际贸易信贷代理体系，包括：(1) 主要通过提供信贷、担保与保险来促进美国企业的出口贸易的“进出口银行”(Ex-Im Bank)，其支持的结构性贸易融资项目包括多国光导纤维电缆、天然气、石油项目、空中交通控制、电讯、制造业大型设备等在内的多种项目；(2) 由美国政府拥有，在财政上独立，通过为美国企业提供政治风险保险、担保及信贷来支持美国的新兴市场投资项目的“海外私人投资公司”(OPIC)；(3) 通过直接贷款和担保，鼓励、协助美国中小企业扩大出口的“小企业协会”(SBA) 等。除此之外，美国各州和地方政府也都有各种出口促进项目，为企业提供出口前后流动资本贷款和担保、应收账融资及出口保险等。

法国的出口信用保险体系也非常完善，其中典型的是由法国政府于1946年组建的法国外贸信贷保险公司（COFACE）。该公司在全球37个国家和地区设立了出口信用保险业务网络，在67个国家和地区建立了企业资信调查和追账机构，为出口信用保险提供风险评估和欠款追缴，是目前全球最大的出口信用保险公司。该公司承保范围广泛，从一般性商业风险、政治风险到特殊的成本上升风险、汇率风险、投资风险等都包括在内，并得到官方的大力支持。提供的出口信用保险与出口信贷密切结合，大大促进了法国大型资本性货物出口，提高了出口企业国际竞争力，为结构性贸易融资提供了便利。

二、结构性贸易融资在中国的发展现状

相比发达国家，发展中国家的出口贸易环境普遍发展较晚，众多发展中国家在20世纪60年代以后才纷纷建立自己的出口信用保险机构。我国在结构贸易融资发展方面空间巨大，许多国内企业有着强烈的结构贸易融资需求。

面对如此庞大的市场，中国银行推出了“出口全益达”“进口汇利达”“融信达”等多种贸易融资综合解决方案，旨在与贸易环节紧密结合，将各贸易融资、特色服务与外汇交易衍生品加以整合，帮助客户解决融资需求和满足客户规避信用、汇率、利率、国家风险的保障需求。浦发银行为中国进出口企业提供针对性金融服务角度，推出了“企业供应链融资解决方案”，其核心也是为了帮助企业解决在项目及订单取得、原材料采购等供应链各环节上的各种问题，为企业提供信用服务、采购支付、账款回收等多方面的业务支持，提高企业核心竞争力。深圳发展银行也审时度势，其货押业务包括有色金属、钢材、建材、石油、化工、家电等在内的十几个行业，很多商品如粮油、棉花、有色金属、钢材、纸浆、玻璃、汽车、橡胶、化肥、原油等原材料，因其价值稳定以及特性稳定，均被纳入货押业务的范围。

中国建设银行也为进出口企业推出了一系列结构性贸易融资方案，如“融货通”，它是指融资方以自有或第三人合法所有货物动产或代表以上动产的货权凭证作质押，并由建行指定的第三方物流企业进行监管，为进出口商提供的融资服务。而在国内的外资银行，如渣打银行、花旗银行等也纷纷以在国际贸易融资界的口碑、专业的融资团队、丰富的融资工具和完善的风险缓释工具为支撑，在国内开展结构性贸易融资业务。

客观来看，国内商业银行的结构性贸易融资业务相对于外资银行仍有很大距离，外资银行的国际贸易融资业务中，结构性贸易融资占其总额的50%，而我国银行的结构性贸易融资业务的开展一直处于较低水平。与外资银行为企业“量身定做”各种融资组合的方式相比，国内银行所开展的该业务还多以单独使用融资工具为主，且在融资定价、技术和结构安排方面还存在诸多不足。

三、我国银行结构性贸易融资业务与发达国家的差距及原因

(一) 我国银行结构性贸易融资业务与发达国家的比较

与发达国家相比，我国银行开展结构性贸易融资业务所存在的差距主要体现在以下方面。

(1) 结构性贸易融资方式单一。目前我国银行提供的结构性贸易融资产品还仅是对国外一些方案的模仿，比如以上提到的一些能提供结构贸易融资的中资银行，其业务品种还仅限于一到两种。相比之下，外资银行则已经形成了一套完整的服务体系。如美洲银行的结构性贸易融资服务包括：最佳定价，融资渠道咨询；贷款处理服务及外汇融资：将买、卖、供货商及其他部分连接，通过其全球资源及关系提供一个一体化的解决方案；所有国际交易方面的咨询、管理，如分析进口商风险、信用、项目可行性等，更加趋向于以市场和服务为导向。

(2) 结构性贸易融资对象单一。在一个优秀的结构性贸易融资专业团队中，结构性贸易融资所能面向的商品种类是非常多的，如渣打银行目前可以对大宗商品(油、豆类、有色金属、黑色金属、合金等)、能源类商品、电讯行业和一些半成品资本类商品提供结构性贸易融资。但目前我国本土银行所能提供结构性贸易融资的大多为像船舶这样的大宗资本性产品，结构性贸易融资业务种类单一。

(3) 实施机构及参与方单一。由于结构性贸易融资面临的相关风险较高，因此往往需要第三方机构的参与来缓释银行所面临的风险。国外的一些从事结构性贸易融资业务的银行，通常和很多保险、担保、贸易促进机构有着非常广泛的联系，以便遇到具体业务时，能够和其合作共同制定融资策略。而我国银行这方面的业务联系网络还并不完全，特别是与国外机构的业务联系更少。虽然近几年来，中国进出口银行、出口信用保险公司与商业银行间已开始就一些国际贸易融资业务展开合作，但未来仍存在很大的合作空间。

(4) 银行内部缺乏有效的风险管理体系。结构性贸易融资涉及的风险种类包括国家风险、国际市场风险、信用风险、汇率风险、法律风险等，该种业务的参与者包括银行、企业、第三方机构，因此对该种业务进行全面风险控制要求银行运用先进的风险管理技术将各部门有效地连接。许多外资银行已经建立专门的部门较为独立地开展结构性贸易融资，而目前我国商业银行在国际贸易融资业务的处理流程方面协调配合不够，缺乏统一协调的管理，以致无法达到共享资源、监控风险、相互制约的目的，并缺乏对结构贸易融资特点进行分析及对贸易周期动态数据进行跟踪的能力。这便导致了银行出于风险收益的考虑无法大力发展结构性贸易融资业务，

进而造成现有的业务品种单一、对象集中、现有业务量与市场需求不匹配的现状。

（5）相关法律法规不完善。相对于传统的贸易融资，结构性贸易融资由于融资方式多样、结构复杂和关联方众多等原因，涉及票据贴现、货权和货物的抵押或质押等多种行为，其面对的国际公法与国际私法间的冲突也更复杂。我国如关于国际保理、押汇等许多业务相关的法律解释尚不清楚，法律法规尚不完善，立法明显滞后于融资业务的发展。

(二) 我国和发达国家银行结构性贸易融资业务差距的成因

（1）我国的融资市场存在不足，二级市场缺乏。我国的融资市场存在不足，由于缺少一个统一、集中的贸易融资市场，贸易融资资产的流通往往是在较为封闭的范围内进行，二级市场流通不畅。由于二级市场长期发展的不完善，银行对其具体操作也缺乏经验，直接阻碍了融资银行风险缓释工具的应用。比如，在大额贸易融资项目上，很多银行尚不会利用风险参与形式来分摊借款公司的信用风险，这方面需要有一个逐渐适应和与国际接轨的过程。

（2）相关法律法规发展滞后。我国一些法律法规方面发展的滞后，直接影响到了一些结构性贸易融资产品的推广。以仓单融资业务为例，在国内的贸易实践中，一些外资保税仓储公司签发的保税仓单常常用于货物的买卖与货权的转移，但根据我国法律，仓单并不是严格的货权凭证，接受该货物作为抵押的融资银行对抵押物的权利将不可避免地受到影响。由此可见，要使我国结构性贸易融资产品的品种不断丰富，必须使其相对应的法律规范相配合。

（3）金融衍生工具发展相对落后。金融衍生工具在贸易融资中可起到规避、转移风险、实现资源优化配置等作用。许多外资银行有国外相对完善、丰富的金融市场体系作为依托，从而能够有效利用金融衍生工具来运作结构性贸易融资业务。而在我国，基础金融衍生市场不够完备，市场主体不够成熟，市场监管不到位，这些问题在一定程度上构成了国内银行参与结构性贸易融资业务的障碍。

（4）政府未提供足够的支持体系。结构性贸易融资业务中，大宗商品占很大比例，我国政府号召和鼓励所有银行积极支持本国出口，特别是支持机电产品和大型成套设备及高新技术产品出口。但相比之下，发达国家普遍以政策性金融机构为龙头，充分利用商业银行的富足资金，引导其资金流向贸易融资领域，或通过政策性金融机构向商业银行出具以政府作为最终成保人的出口信贷担保，降低商业银行风险。而我国目前操作中，进出口银行资金有限，在市场定位上也不明确，有时甚至以商业银行的竞争对手的身份出现，商业银行和政策性银行关系的不协调限制了结构性贸易融资业务的开展。

(5) 银行业务人员水平有待提高。结构性贸易融资业务的复杂性程度高，在方案设计、业务操作上对业务人员的素质要求也较高。结构贸易融资人员不仅要具备企业财务知识、贸易融资知识，还应具有产品方面的知识。比如，做钢铁产品的结构性贸易融资时，要预测钢铁交易价格大致的走向，充分了解市场参与者及其交易历史。国际上的主要大银行都有结构性贸易融资的专业团队，而在我国，一些银行工作人员对银行的各种金融工具、融资手段的用途、利弊了解不足，缺乏经验，从而难以准确判断风险与设计结构性融资产品。

四、对于我国发展结构性贸易融资的建议

(一) 加强结构性贸易融资的风险控制

相比较传统的贸易融资，结构性贸易融资在风险的控制上具有更高的要求。我国的商业银行在采取风险控制手段时，应当在研究和借鉴外资银行先进的风险管理方法的基础上，发展出适合我国实际情况的风险管理体系。另外，还应鼓励政策性金融机构合商业性银行机构形成联合风险控制系统，使之能够及时发现和预防风险。

(二) 发挥政府作用

为促进我国结构性贸易融资业务的发展，发挥政府作用是基本前提。首先，应尽快建立和完善我国国际贸易融资相关的法律法规。立法部门应在分析国际惯例与我国现行法律之间存在问题的基础上，找出现有法律存在的漏洞，并依照实际国情制定切实可行的方案，建立与国际接轨的国际贸易法律法规。其次，还应完善我国出口信贷体制，发展出口信用保险业务，以缓解我国融资资金不足问题。此外，政府还应加大力度提高外贸企业信用信息的透明化，进一步丰富、完善现有企业数据库，及时有效地发布信用信息查询，全面推行对外贸易企业信用信息公开化、透明化。

(三) 加快贸易融资二级市场的建设

结构性贸易融资的发展需要一个发达的贸易融资二级市场，来加快银行资本流转、缓释风险。我国目前尚未建立起完善的贸易融资相关市场，票据交易仍以银行承兑汇票为主，商业承兑票据流通非常有限。我们需要建立良好的信用评测体制，促进票据流通市场建设。值得一提的是，一些国有商业银行的境外分行在风险参与业务上已经积累了初步经验，这些境外分行在国际二级市场上积极参与和中国企业

风险有关的业务，基本掌握了这类业务的运作流程和监控手段，有利于今后向国内分行推广。

（四）加强对结构性贸易融资人才的培养

人才是中资银行发展结构性贸易融资的最大瓶颈，商业银行要加强结构性贸易融资专业人才的培养，逐步建立起自己的结构性贸易融资专业团队，在认识结构贸易融资的重要性的基础上，加强员工对于融资方式的操练，并在实际业务操作中增加熟练度，获得经验。

第四节　期货市场在结构性贸易融资中的作用

降低成本和控制风险是结构性贸易融资的重要组成部分，结构性贸易融资的工具组合中，也往往包含针对融资特点需求的风险缓释工具。结构性贸易融资所面临的风险主要体现在包括利率风险、汇率风险和货物价值变动风险在内的市场风险，以及由合同违约所带来的信用风险两方面。

一方面，银行在为融资企业提供结构性贸易融资服务时，一些伴随风险，如利率、汇率风险等也随之转嫁到了银行。为此，银行可通过一些金融衍生工具，如远期外汇买卖、掉期、期货、期权和货币互换等来进行防范。另一方面，由于结构性贸易融资属于典型的自偿性贸易，银行收回融资款项的基础在于贸易商品本身的价值实现。加之结构性贸易融资常常被用于一些大宗商品和资本品的融资，这类产品往往本身价格高、融资金额巨大、融资期限长，融资期内市场行情可能出现的变动对抵押品价值影响很大。所以，外汇银行也往往采用一些商品衍生交易工具，如远期、期货、期权等来规避价格变动引起的市场风险。

广义的期货市场指的是期货合约买卖关系的总和，指在现代市场经济条件下，在一定的时间和空间范围内，市场交易者之间的期货合约（即未来清算的标准化的共同契约的买卖关系及其意志行为的总和）。作为风险缓释工具提供手段的重要途径，期货市场在结构性贸易融资业务的发展、创新过程中起到的重要作用主要来自期货市场的价格发现功能和风险转移功能两个方面。

一、期货市场的价格发现功能与结构性贸易融资

在结构性贸易融资业务中，银行决定授信额度时往往要考虑对应抵押货物的价

值，以此为依据判断债务人是否能在未来如期偿还债务。这时，期货和现货市场上该商品的价格就成为重要的参考对象，而这时期货市场起到的定价基准作用主要来自其价格发现的功能。

诺贝尔经济学奖获得者 Merton.M.Miler 曾说过："期货市场的魅力在于让你真正了解价格。"期货市场的价格发现是实现期货市场风险转移功能的前提。期货市场诞生以前，生产经营者普遍依据现货市场上的价格来决定自身的生产方向、生产规模和生产方式。由于现货交易多是分散的，生产经营者不易搜集到所需的价格信息，即使搜集到了现货市场的反馈信息，也多是片面的、零散的，其准确度较低，对于未来供求关系的预测起不到实质作用。而建立在市场有效的基础上，期货市场具有价格发现的功能。期货价格是在专门的、规范化的期货交易所内形成的。期货交易所聚集了众多的买方和卖方，通过场内出市代表，把自己所掌握的对某种商品的供求关系及其变动趋势的信息集中到交易场内。同时，所有期货合约买卖都必须在交易所的交易场内通过公开竞价的方式进行，不允许场外交易，所有买方和卖方都能获得平等的买卖机会，都能通过场内出市代表表达自己的真实意图，形成的期货价格能够比较准确地反映真实的供求状况及其变动趋势。正因为如此，当今世界成熟的期货交易所的期货价格已成为国际和国内市场最为广泛的参考价格，著名期货交易所的交易活动成为本国乃至世界经济发展的"晴雨表"。因此，期货价格是反映未来商品价格走势的重要指标，对结构性贸易融资的授信额度决定起到重要作用。

二、期货市场的风险转移功能与结构性贸易融资

（一）商品期货的风险转移功能

在很多结构性贸易融资的产品组合中，银行授信企业的标准并非企业目前的信誉和资金状况，而是企业已经生产的产品或即将拥有产品所带来的未来现金流。企业以此为质押品获取贷款后，在融资进行过程中，一旦市场价格发生变动，必将影响企业的经营利润和质押品的实际价值，导致银行贷款收回出现困难。换句话说，抵押货物的市场价格变化能够影响抵押物转售价格，结构性贸易融资中存在价格风险。当市场价格条件恶化的情况下，甚至可能发生债务人违约的情形。因此，银行一般会要求企业对利用商品期货工具进行套期保值，对于采取套期保值的企业，可能还会采取提高融资额度和降低保证金等措施予以鼓励。

期货市场之所以成为规避结构性贸易融资中市场风险与信用风险的重要工具，主要是基于其风险转移功能。期货市场形成的根本原因即是套期保值即风险转移

的需求。交易者为了避免价格风险，就要利用期货价格与现货价格的联动效应进行“套期保值”交易。例如，一位出口商在现货市场中拥有已生产的一种产品，或即将生产拥有一种商品，就可以通过在期货市场中卖出等量的商品合约来套期保值。卖出套期保值能使现货商所拥有的存货的价值大致保持不变。如果在商品持有期商品价格下跌，商品持有者将在现货市场中亏损；但另一方面，作为期货市场中该商品的卖主能从同样的价格下降中获利，从而弥补了现货市场的损失。盈利和损失相互抵消使该现货商所持有的商品的净价格与商品原有价值非常接近，而为此所付出的代价就是丧失了有利的价格变动可能带来的利益。但是，由于通过套期保值回避了不利价格变动的风险，因此，厂商可以集中精力于自己的生产经营活动，获取正常利润。

（二）金融期货的风险转移功能

可见，基于商品期货市场的风险控制功能，商品期货合约可以控制贸易商品的价格波动风险。除此之外，金融期货市场对结构性贸易融资中的利率、汇率波动等市场风险也起到重要规避作用。虽然合约中交易对象从商品价格变化为利率、汇率等，但其风险对冲机制和商品期货的作用机理基本一致。例如，在利用期货市场进行外汇期货保值、完成外汇风险的转移时，可以以外汇为对象签订期货合约。如某进口商拥有并需要在一年后支付一笔美元资金，就可将其兑换成英镑后在市场拆放获利，以防止支付前的一年时间内美元下跌英镑上升，另在外汇期货市场以英镑卖出期货美元（美元空头）。12个月后，如果美元对英镑汇率真的下跌，但由于期货市场做了一笔相同期限的多头，可把原做的美元空头合同了结，从而与现货市场的损失相抵。

由于国际贸易中很少出现即时付款的情况，即大多数贸易都采取预付订金和延期付款的支付方式，因此不论是出口商还是进口商都会面临外汇汇率风险。在结构性贸易融资中，进出口商所面临的汇率风险甚至在融资过程中转移到了外汇银行。例如，在福费廷、出口卖方信贷等业务中，出口商从融资银行获得了全额或部分资金融通，自此，银行就需要承担从进口商手中完全收回资金前面临的汇率变动的风险，这时可利用外汇期货工具对此类风险进行规避。

参考文献

[1] 胡光志，周强．论我国互联网金融创新中的消费者权益保护 [J]. 法学评论，2014，32(06)：135-143.

[2] 王振坡，游斌，王丽艳．论新型城镇化进程中的金融支持与创新 [J]. 中央财经大学学报，2014(12)：46-53.

[3] 李丛文．金融创新、技术创新与经济增长——新常态分析视角 [J]. 现代财经（天津财经大学学报），2015，35(02)：13-24.

[4] 孙杰，贺晨．大数据时代的互联网金融创新及传统银行转型 [J]. 财经科学，2015(01)：11-16.

[5] 李佳，罗明铭．金融创新背景下的商业银行变革——基于资产证券化创新的视角 [J]. 财经科学，2015(02)：13-22.

[6] 李媛媛，金浩，张玉苗．金融创新与产业结构调整：理论与实证 [J]. 经济问题探索，2015(03)：140-147.

[7] 陆菁，陈飞．金融创新对我国高技术产业出口复杂度的影响分析 [J]. 国际经贸探索，2015，31(05)：47-61.

[8] 孙兆刚．创新驱动战略与金融创新协同发展机理研究 [J]. 科技进步与对策，2015，32(12)：30-34.

[9] 吕怀立，李婉丽．金融创新、私有企业应计质量与非银行信贷融资 [J]. 会计研究，2015(03)：34-41+94.

[10] 苏依依．金融创新的年龄依赖性：国家制度文化的视角 [J]. 科研管理，2015，36(07)：86-95.

[11] 王仁祥，杨曼．中国金融创新质量指数研究——基于“技术 - 金融”范式 [J]. 世界经济研究，2015(07)：3-13+127.

[12] 冯果，李安安．金融创新视域下公司治理理论的法律重释 [J]. 法制与社会发展，2013，19(06)：64-75.

[13] 娜日，朱淑珍，洪贤方，吴晓伟．基于金融创新过程的竞争情报保障机制研究 [J]. 情报杂志，2014，33(01)：23-26+71.

[14] 王曙光，张春霞．互联网金融发展的中国模式与金融创新 [J]. 长白学刊，

2014(01)：80-87.

[15] 党均章 . 互联网金融创新的风险 [J]. 中国金融，2014(08)：40-41.

[16] 易金平，江春，彭祎 . 我国绿色金融发展现状与对策研究 [J]. 特区经济，2014(05)：81-83.

[17] 王永海，章涛 . 金融创新趋势下金融审计监督体系构建 [J]. 江西财经大学学报，2014(04)：66-72.

[18] 李泽广，王刚 . 金融创新与金融监管的结构性错配问题研究——理论逻辑与经验证据 [J]. 上海财经大学学报，2014，16(04)：64-73.

[19] 郑联盛 . 金融创新、金融稳定的历史回望与当下风险管控 [J]. 改革，2014(08)：81-89.

[20] 郑兰祥，王三川 . 国外金融创新影子银行行为研究综述 [J]. 国际金融研究，2014(11)：67-75.

[21] 曹永琴 . 金融创新、金融中介效率与金融体制改革 [J]. 商业研究，2013(04)：97-104.

[22] 刘丹冰 . 金融创新与法律制度演进关系探讨 [J]. 法学杂志，2013，34(05)：104-111.

[23] 顾焕章，汪泉，高莉莉 . 科技金融创新的制度取向与实践模式 [J]. 江海学刊，2013(03)：73-78+238-239.

[24] 孙国茂 . 金融创新的本质、特征与路径选择——基于资本市场的视角 [J]. 理论学刊，2013(06)：35-42+127.

[25] 蒋岳祥，蒋瑞波 . 区域金融创新：效率评价、环境影响与差异分析 [J]. 浙江大学学报(人文社会科学版)，2013，43(04)：52-65.

[26] 卓武扬，张小南 . 金融创新、道德风险与法律责任 [J]. 管理世界，2013(06)：170-171.

[27] 莫易娴 . 金融创新相关理论的综述 [J]. 江淮论坛，2012(01)：39-43+54.

[28] 蒋瑞波，蒋岳祥 . 区域金融创新与区域经济发展的实证研究 [J]. 浙江学刊，2012(05)：157-162.

[29] 胡援成，吴江涛 . 科技金融的运行机制及金融创新探讨 [J]. 科技进步与对策，2012，29(23)：10-13.

[30] 权飞过，王晓芳 . 金融创新对商业银行风险承担的影响——基于金融创新的分类研究 [J]. 财经论丛，2016(09)：35-45.

[31] 冯乾，黄旭 . 金融创新、产品干预与金融机构行为风险防控 [J]. 金融论坛，2016，21(09)：21-32.

[32] 陈小亮，陈惟，陈彦斌 . 社会融资规模能否成为货币政策中介目标——基于金融创新视角的实证研究 [J]. 经济学动态，2016(09)：69-79.

[33] 陈子季 . 金融创新的宏观效应分析 [J]. 金融研究，2000(05)：20-28.

[34] 汪欣，高海燕 . 浅谈电子商务时代我国国际贸易经济发展 [J]. 商业故事，2015(04)：72.

[35] 彭红斌 . 论中国对外贸易的可持续发展 [D]. 中共中央党校，2002.

[36] 马慧敏 . 当代中国对外贸易思想研究 [D]. 复旦大学，2003.

[37] 张梦雨 . 国际经济贸易下我国对外贸易的转型与升级探究 [J]. 山西农经，2018(11)：22.

[38] 冯达 . 电子商务背景下国际贸易经济发展研究 [J]. 新西部，2018(20)：55+8.

[39] 龙洋 . 浅析电子商务环境下我国国际贸易经济的发展 [J]. 经贸实践，2018(17)：58.

[40] 路平 . 试论新时期国际贸易与投资新规则的机遇及对策 [J]. 商场现代化，2018(14)：70-71.

[41] 刘杨 . 新形势下我国国际贸易经济的生态化战略选择 [J]. 现代交际，2017(22)：57.

[42] 宁国玉 . 中国产业内贸易的经济效应研究 [D]. 西北大学，2012.